TIME TABLE OF LBOC Ltd. Ph.252
LEH-LADAKH PIN-194101
NAME OF VILLAGE
DISTANCE IN KILOMETER
FARE PER PERSON
DEPARTURE TIME SUMMER
DEPARTURE TIME WINTER
DAY
1 DHA-BEEMA 163 Rs. 216 9. A.M. 9-A.M. DAILY
2 ACHINATHANG 141 " 189:00 10. A.M. 10-A.M. EVERY. THU.
3 SKURBUCHAN 124 " 164:00 10. A.M. 10-A.M. DAILY
4 DOMKAR GONGMA 126 " 175:00 9-30 A.M. 9-30 A.M. MONDAY & THURSDAY
5 HANU GONGMA 163 " 225:00 9. A.M. 9-A.M. EVERY FRIDAY.
6 KHALTSE 99 " 131:00 3. P.M. 3- P.M. DAILY.
7 TIA-TEMISGAM 92 " 126:00 12. NOON 12-NOON. DAILY.
8 KAIRI SKITMANG 110 " 1. P.M. 12-NOON. EVERY TUESDAY
9 HEMIS SHUKPACHAN 81 " 115:00 2. P.M. 1. P.M. ALTERNATE DAY.
10 MANGU – " 113:00 1-30. P.M. 1. P.M.
11 WANLA FANJILA 125 " 165:00 8-30 A.M. 8-30-A.M.
12 SHARA 67 " 89:00 4-30 P.M. 4-P.M. EVERY DAY.
13 NYOMA 182 " 242:00 9. A.M. 9-A.M. MONDAY & THURSDAY
14 CHUMATHANG 140 " 1. P.M. 12-NOON ALTERNATE SUNDAY
15 CHIKTAN LAMAYOURU 184 " 244:00 8. A.M. 8-A.M. TUE THU, SUN.

GINKGO BILOBA

ECOLE DE
CIRQUE DE
BRUXELLES

台等の
禁する

旅がなければ死んでいた

坂田ミギー

KKベストセラーズ

もくじ

はじめに。

旅に出る前、わたしは社畜だった。

朝から深夜まで働き、寝て起きてシャワー浴びたら、また仕事。

裁量労働制という名の、残業代の出ない定額働かせ放題システム。定額で使い放題なのは、データ通信量だけにしていただきたい。

とはいえ、がんばっていればチャンスはもらえるし、貧乏性なうえ使う暇がないので、勝手に多少の貯金はできた。

過労気味でも、一生懸命に働き続けることが正しい道だと信じていた。「仕事で成功すれば幸せになれる教」の信者だったので、それはもう必死に働いて。

だって、幸せになりたいじゃない？　幸せなんて、どんなもんか知らんけど。

小さな広告制作会社から、憧れのクリエーティブエージェンシーに入れてもらえ、著名なクリエーターと働かせてもらい、賞を獲らせてもらっては、少し出世して、大きな案件を担当させてもらって。

次の目標、またその次の目標と走り続けてきたのに、何年走っても、どんなにがんばっても、日払いの達成感はあれど、幸福感はなかった。

自分が成長すればするほど、前を走っているスターたちとの距離が正確にわかるようになってくる。それは決して縮むことはなく、むしろ遠ざかっているような気さえした。

好きではじめた仕事はおもしろかったが、早く成功しなくてはと思う焦燥感と、まだなにかが足りないという飢餓感ばかりが前に立つ。

成功しない努力は、まだ努力とはいえない。

先人たちのそんな言葉に脅迫されて、さらに働いた。


そうして数年が経ち、増える一方の仕事に埋もれていた、ある日。

オフィスに3日連続お泊まり中だった、自分の異変に気がつく。うれしくも悲しくもないのに、涙が止まらない。視界が滲んで、エクセルが読めない、使えない。エクセルのせいかと思ったが、フォトショップでも、ワードでも、結果は同じだった。

それから、さらに数日後。

変なものを食べたわけでもないのに、吐き気がした。

トイレで吐いてびっくり。便器が真っ赤。

「なんじゃこりゃぁぁああ」と、松田優作氏の名セリフが思わず口から出てしまう。

わずかにボケられる余力はあれど、これはもう、いよいよマズい。

ここまでやってきてたどり着いたのが、幸せどころか、吐血。ドラマか漫画でしか見たことない風景が、現実に、しかも自分に起きている。

このとき、ようやく気がついた。

がんばって働いたら幸せになれるとか、ウソ。少なくとも、わたしにとっては。

このままじゃ精神も肉体もやられて、最悪死ぬ可能性もある。20代の数年をうつ病に費やしていた自分は、このまま沼にハマるとどうなるかわかっていた。

世間さまの言う通りにやってきたよ。受験勉強して大学いって、就活して、いい仕事して、それなりのところまで来たよ。なのに、このルート、バッドエンドっぽくない？

これはわたしのほしかった未来じゃないし、足は臭いし、吐血もしてる。現代の日本的価値観に忠実に生きてきたけど、どうやらこのままじゃ自分は幸せになれないらしい。

だったら、価値観を変えるしかなくない？　でも、どうやって？

それから何日も、何ヶ月も、ぐるぐる考えてはみたけれど、自分のなかに答えはなかった。本を読んでも、テレビを見ても、引き出しを開けても、インターネットをサーフィンしても、友だちや恋人に相談しても、答えはどこにも見つからない。

だから、旅に出ることにした。

見たことないものを見て、したことないことをしてみよう。知らない感情で自分をいっぱいにしてみよう。まったくちがう価値観で暮らしている人々に会えば、その空気に身を晒せば、この生きづらさの原因がわかるかもしれない。

世界のどこかに、きっと答えがあるはずだ。

まぁ、なかったとしても、とりあえず逃げてでも休まないと死にそうだし。

まわりには旅に反対する人もいたけれど、キャリアが途切れるよりも、このままゆっくり死んでいくほうがよっぽど怖い。しんどい場所にずっと自分を置き続けるのは、自覚のない自傷行為と同じだ。

これからお読みいただく話は、こうして旅立った世界一周の記録。

縁あってこの本をお手にとってくださったあなたに、よき読書の旅路を贈れることを願って。

旅立ちの日って、もっと希望に満ちてるもんじゃないの？
（日本・東京）

旅立ちの日の朝。

この希望に満ちた響きとは裏腹に、わたしは口を半開きにして布団に横たわったままである。

なぜならば、つい数日前まで自分には恋人がいて、さらにはその恋人と「世界一周の途中で合流しようね、南米で会おうね☆」などと約束していたからだ。

あのころの愛と夢と希望でおっぱいがいっぱいだった自分と、いまの頭上にハエが飛び回っている腐りかけの自分は、果たして同じ運命線上の生き物なのだろうか。

あの恋人は、もう「元」恋人なのだと思い知らされるたびに、発作のように胸が締まり、喉が詰まって息が苦しくなった。指先からはじまる冷えは、全身を瞬間冷凍するかのように、血も内臓も、すべての温度をうばっていった。耐えきれない重さを少しでも減らそうと、勝手に目から涙がボタボタとこぼれる。

とあるアイドルは「恋はジェットコースター」と歌っていたけれど、あれは恋の最中の話であって、恋の終わりはヒモなしのバンジージャンプと同じくらいダメージを受けるものだ。

この年になっての失恋は、致命傷になりかねない。

旅立ちを前に、ほとんどの荷物はパッキングし終わっていた。目の前には、元恋人から餞別でもらったガラスのペンダントが転がっている。

元恋人からは電話で別れ話をされた。いくらほかに好きな人ができたからとはいえ、終わりが電話だけとは失礼極まりないではないか。ＬＩＮＥでフラれなかっただけマシだと思うべきかもしれないが、ともかく旅立ち前にもう一度会って話がしたいと懇願し、お亡くなりになった恋心の葬式を、元恋人も参列のうえ、渋谷で執り行うことにした。

葬儀場は、たまたま歩いた先にあったジンギスカン屋。

いつも陽気に酔って鼻歌を歌う習性のあった元恋人は、もうわたしの前では一滴も酒を飲もうとはしなかったし、一小節たりとも歌うことはなかった。

文句を言いたいわけでも、もう一度やり直したいわけでもないのに、彼は硬い表情のまま座っている。地蔵か。

ジンギスカンにまったく手をつけてくれないので、どんどん肉が焼けて、焼けすぎてしまって、その焦げた物体を見ていると「本当に終わってしまったのだなぁ」と実感できたのであった。

いっそのこと、わたしの恋心もこんな感じに火葬できたらいいのにな……そんなことをぼんやりと考えながら、炭と化した肉と、我が恋心の成仏を願う。

完全にお葬式ムードのまま、ずっとお店にいるのも辛気臭くて申し訳なく、無言で外に出て、夜の代々木公園をあてもなく歩き回った。

そろそろ時間も時間だから帰ろうかという空気になったとき、元恋人はこのペンダントをポケットから取り出し、そして「こんなことになって残念だけど、これからの旅は本当に応援しているから。これをお守り代わりに持っていって。元気でね」

と、のたまったのである。

「こんなことになって残念」って！　お前が！　浮気を！　したんだろうが！


そのときにもらったのが、いま目の前に鎮座しているペンダントだ。

このペンダントを見るたび、わたしの脳は何度もあの恋の最期のシーンをエンドレスにリピートしてくる。リピートされるたびに、さまざまな感情がぶり返してくるので、旅の計画を練ることも、目的地への行き方を調べることも、したいことの準備もできず、ただただ悲しみにうちひしがれていた。

もっと愛と夢と希望におっぱいをふくらませながら旅立つ予定だったのに、人生とは思う通りにいかないものである。

友人たちはかわるがわる「大丈夫だよ。旅の途中できっといい人に出会えるから」と励ましてくれた。

しかし卒業旅行の女子大生ならいざ知らず、住所不定のバックパッカー（31歳）相手にいい人が現れるほど、この世界はやさしいのだろうか。甚だ疑問である。

とはいえ、どこかに台本でもあるのかのように全員が同じことを言うので、もしかしたら地球のどこかに、そんなやさしい世界もあるのかもしれない。

そんなやさしき世界を体現する人に出会えるまで、色気のない鉄のようなパンツを穿いて、股間の純潔を守り、清く正しく生きていこうと心に決めた。

元恋人からもらったペンダントは、捨てるわけにも、誰かに預けておくわけにもいかず、しぶしぶ持っていくことにした。首につけるのは気が進まないし、手首につけて視界に入るたびに彼のことを思い出すのも気がふれそうだ。少し迷って、足首に革紐で括り付けた。

恋心が喪中のまま迎えた、旅立ちのとき。

いつもは軽々と担げるバックパックが、きょうはやけに重い。

まだ見ぬ世界が、このつらさを取り払ってくれるはずと信じて、ゲートをくぐる。

空港の見送りにあの人の姿はなかったけれど、もうそれはすぎたこと。

我が恋心よ、どうか天国から見守っていておくれ。

フラれた悲しみを癒そうと飲みに出かけたら、ハートに成形されたキュウリが出てきて不意打ちにダメージをくらう。

「しばらくお寿司食べられないし」と言い訳して、成田空港で憧れの金皿に手を出す。失恋で空いた悲しみの穴をお寿司で埋めたい。埋まらない。

そんなわけで、旅立ちです。

出発早々プチトラブルに見舞われつつも、旅の初夜に手紙を放つ。（中国・北京）

中国の北京空港に降り立ち、荷物をかついでホテルの迎えを探す。

出口で掲げられたネームカードをひとつずつ確認していくも、自分の名前が書かれたものは見つからない。あれ？　おかしいな……ちゃんと予約したときに送迎もお願いしたのに。そう思ってホテルに電話を入れるも、英語が通じないまま切られてしまう。そうだ、ここは中国だ。

大学では第二外国語で中国語を選択した。普通は2年間で終える課程を、落第してわざわざ3年間も学ぶくらい、中国語には慣れ親しんでいた。3年間も中国語を読み書きしていたのに「あなたのホテルから迎えが来ていません」の一言すら出てこない。あの3年間は一体何だったのだろうか。

迎えに来てもらうのは諦め、タクシーに乗ってホテルへ向かう。

到着後、フロントで再度「なぜ迎えに来なかったのか」と言うも、やはり英語が通じない。

おたがいの言い分が伝わらないままワーワー言い合っていると、横から端整な顔立ちをしたカピバラのような好青年が現れて「どうしたのですか？」とニッコリ。事情を話すとカピバラさんは通訳をかってでてくれ、ようやくスタッフとの意思疎通ができた。

どうやらホテルで問題が起きたらしく、迎えにいけるスタッフがいなくなってしまったらしい。

しかし、そんなことを言われても、こちらはタクシー代を払うハメになったので「そうですか」とは引き下がれない。

タクシー代を宿泊料から減額してほしいと話すと、値引きはできないが、このホテルで一番いい部屋にアップグレードするから勘弁してくれと言われる。

旅の初夜がいい部屋になるなんて、幸先のいいスタートではないか（そもそも迎えが来ていない時点で幸先悪いだろ、という的確なご指摘はさておき）。

サポートしてくれたカピバラさんにお礼を言って、この宿で最も料金の高い部屋へチェックインする。もともとビジネスホテルのような宿なので、そこまでゴージャスな部屋ではなかったものの、さいわいにもデスクがあったので、そこで記念すべき第1回目の旅ブログ『世界を旅するラブレター』を書くことにした。

わたしは旅からたくさんのものをもらってきました。

たのしいことや、美しいこと、くやしいことや、つらいこと。ふと送られる笑顔や、かけがえのない出会い、息もできないほどの景色や、目に見えないチカラ。

わたしはたくさんの人に支えられて旅をしてきました。

宿のおっちゃん、食堂のおばちゃん、すれちがう青年、無邪気な子ども。ブログや旅本、情報ノートを残してくれた旅の先輩。笑顔でいってらっしゃい、おかえりをくれる仲間。旅の安全を祈りつづける家族。

たくさんの人から、たくさんのものをもらってばかり。わたしからも何かお返しができないか、ずっと考えていました。そんなとき、フィリピンのバダッド村で、あるおじいさんに出会いました。

2000年以上前に造られた「天空への階段」とも称される、すばらしい棚田を今も手作業で守り続ける、バダッド村。棚田は世界遺産として認められたものの、後継者不足が深刻化し、今では危機遺産リストにも登録されています。

この村に住むおじいさんは、わたしにこう言いました。

「もし、あなたがここを気に入ってくれたなら、どうか多くの人に、ここで見たもの、感じたものを伝えてほしい。わたしたちの存在、文化を知ってもらいたいんだ」

このことばを聞いたとき、「旅でもらった、あたたかいきもちを、ことばを編んで伝えていく」というお返しなら、わたしにもできるんじゃないか、と。

だから、旅をしながらラブレターを書くことにしました。

旅先で出会ったあなたには「あなたのいるところは、こんなにすてきだったよ」と、みんなに伝えられるラブレターを。

わたしの旅を応援してくれるあなたには「わたしは今ここで、こんなことを経験しているよ」と、報告がてら安心してもらえるラブレターを。

これから旅に出ようとしているあなたには「この場所はあのときこんな感じだったよ」と参考にしてもらえるラブレターを。

これから約1年かけて世界をぐるっと一周しながら、あなたにラブレターを送り続けます。どうか気長にお付き合いください。

旅の初夜、中国は北京より。

緊張した面持ちで、記事を書き、そして公開ボタンを押す。

どこの誰に届くかもわからないのに手紙を書き、それを瓶に入れて海へ放ったかのような気分。

広大なインターネットの海の向こうで、誰かの心に、わたしのラブレターが届いてくれたらと、少しだけ祈った。

誰も迎えにきてくれておらず、
途方にくれた北京空港。

フィリピンのバタッド村の棚田。雲のかかる山の上までずっと続いていて、本当に「天空への階段」のよう。

バタッド村にいた、おばあさんたち。左から二番目の方はちょっと恥ずかしがり屋さん。

性的な理由もないのに、痛すぎて尻が裂けそうな夜。（モンゴル・フブスグル）

ふらっと寄ったウランバートルの美容室で、変な髪形（サイド部分がスキンヘッドのツーブロック）にされたわたしは、ショックを隠しきれないまま国内線に乗って、ムルン空港に着陸した。

フブスグルの宿まで、故障気味のクルマでのろのろ走って6時間。地平線までつづく草原と、さえぎるものなく広がる空が、ゆっくり窓を流れていく。

つい数日前までは、高層ビルで切り取られた、狭く四角い空だけが、そのすべてのような気がしていた。ここの空は、東京で見ていた空と同じなんだろうか。

この日の宿は、遊牧民の住居パオ。小学生のときに教科書に載っていた「スーホの白い馬」で見たのと同じだ。白くて、まんまるで、かわいらしい。

ついにモンゴルに来たんだなぁと、じわじわとしたよろこびを感じながら眠りにつく。

翌朝、目を覚ますなり、馬！　馬に乗る練習をしなくては！　と思い立った。これからモンゴルを旅するのなら、馬に乗れたほうがいいだろう。なぜなら、首都ウランバートルは別として、モンゴルはほとんどの道が未舗装、もしくは道すらない国だからである。

近所に住む遊牧民が乗馬を教えてくれるというので、早速お願いすることにした。馬の後ろには立たないこと（蹴られるから）、手綱は手に巻き付けないこと（落馬したときに引きずられるから）などの諸注意をうけて、いざ乗馬。

先に進もうにも、馬はそこらじゅうに生えまくっている草を食べようと、ちょくちょく足を止める。これぞまさに「道草を食う」だと妙に感心。わたしが注意しても、素知らぬ馬面で草を食べ続けるくせに、馬主が注意すると、シャキッと前を向いて歩き出す。

馬にはなめられているが、ひとりで馬に乗っていることには変わりない。まるで自分がＲＰＧの主人公になったかのような気分である。さしずめ、勇者レベル５といったところか。

しばらく乗馬を練習したあとは、彼ら遊牧民が暮らす家で休憩させてもらう。家のなかにはテレビもあるし、彼らは携帯電話で誰かに連絡を取っていた。こんな大草原でも携帯電話が使えるのかと驚いたが、なんといまや普通のことらしい。

この家にいたガイドの妹で、あどけない表情の少女ギルツェは、わたしにヤギチーズを食べさせて笑ったり、仔ヤギを抱かせて笑ったり、お礼にあげた折り鶴をだいじそうに手のひらにのせて、笑ったりしていた。彼女はブラウン管テレビに映る、きらびやかな都会の偶像を、どんな風に見ているのだろう。

その日の夜。馬に乗れるようになってホクホクしながらシャワーを浴びたら……尻に激痛が走った。蜂にさされたのかと思うほどの鋭い痛みに驚いて、リアルに飛び跳ねる。アニメでしか見たことないぞ、この動き。

なにが起こったのかしばらく理解できず、ずぶ濡れで全裸のまま、尻を抱えて小刻みに震える。

冷静に分析したところ、どうやら乗馬で尻の皮がずる剝けになってしまったらしい。アナルの開発を試みて尻穴を負傷したことはあるが、ここまでの痛みを尻に感じたのは初体験だ。

涙目になりながら複数の手鏡を計算して配置し、尻のコンディションを確認しながら、局部に軟膏を塗る。

我ながら情けない姿ではあったが、いくつになっても初体験をし続けられる人生ならば、それはそれでわるくない。

初めて馬に乗ったとき。この後尻に悲劇が起こることをお気楽なわたしはまだ知らない。

乗馬を教えてくれたガイドの妹、ギルツェ。仔牛とも仲良し。このあとヤギを三匹、次々と抱かせてくれた。

モンゴルはちょっと出かけるにも、けっこう距離があるので、馬に乗っていないときは借りたバイクで移動。遊牧民のみなさんも案外、バイク率高め。

トナカイ遊牧民ツァータンに会いたい。たとえ股間を犠牲にしても。（モンゴルとロシアの国境付近）

辺境の地フブスグルにまで来たのには理由があった。トナカイとともに生きる遊牧民ツァータンに会いたかったからだ。

しかし、この周辺には観光客相手にトナカイを見せる、いわゆる観光ツァータンしかいなかった。

夕飯を食べていると、宿の主人である丸顔のガンバーが「ツァータンには会えたかい」と声をかけてくれる。その屈託のない、まんまるな笑顔に「思っていたのとちがったよ。伝統的な暮らしをしているツァータンにはもう会えないのかな」と聞いてみた。

すると、彼は眉毛を少し下げて「本物のツァータンは遊牧民だから、移動し続けているんだ。おそらくここから３５０㎞ほど離れたところにいると思うけど、ハッキリとはわからない。だから会うのはむずかしいんだよ」と教えてくれた。

ツァータンに会いに行くのに必要な日数は、運がよくて最低4日といわれる。乗馬の練習をしたり、観光ツァータンを訪ねたりしているあいだに、わたしの次のフライトは5日後と迫っていた。

雨が降ったら地面がぬかみ、車がハマって移動できなくなるので、その時点で航空券はただの紙くずになる。すなわち、天候に恵まれることが必須条件だ。

そのうえ、ツァータンはロシアとの国境付近に住んでいるため、事前に政府の入域許可証を取得しておかなくてはならず、その許可証もすぐに取れるとは約束できない。

彼らが近くにいそうな村で情報収集をし、当たりをつけてから馬に乗って探しにいくことになるが、現時点でその村の近くにいるかどうかもわからないらしい。

「すべての条件がそろってはじめて会えるんだからね、会えなくても仕方ないんだからね」と念を押されたが、迷いはなかった。朝イチで入域許可証を手配してもらい、それが準備でき次第、出発できるようにお願いする。

翌朝、誇らしげな丸顔でガンバーが駆け寄ってきた。

椅子から立ち上がり「入域許可証が取れたのね！　ありがとう！」と礼を述べたところ、満面の笑みで「いや、取れなかった！」と間髪入れずに返してきた。

え？　いきなり試合終了？　と困惑していると、ガンバーはとなりに立っているおじさんを紹介してくれた。誰ですか、その田中邦衛さんに似たやさしそうな男性は。

「彼はドライバーのオルツォだ。入域許可証は取れなかったけど、彼なら役人に顔がきくから大丈夫だよ。たぶん」

そういって、ガンバーはわたしを車に乗せた。さっき小声で「たぶん」って言ったぞ……。うん、たしかに言った。大丈夫なのか……？

とはいえ、もう行ってみる以外に手だてがないので、オルツォの四駆車でツァータンのもとへ向かうことにする。

フブスグルには、舗装された道は1本しかない。しばらくその道を走ったかと思うと、オルツォは突然ハンドルを切って道路から外れ、草原を走り出した。

どこに行くの⁉　とビックリしたが、どうやらこの方角であっているらしい。もはや道といえるものはそこにはなく、真っ青な草をかき分けながら突き進む。

草原は一見すると平坦そうに見えるが、実際に走ってみると、いきなり穴があいていたり、もっこり盛り上がっていたりする。オルツォは慎重に運転してくれているようだったが、それでも車は上下左右に激しく揺れまくる。わたしは天井に頭を打ち付けまくり、ただでさえ少ない脳細胞がかなり減った。

激しい道のりは、車にも負荷がかかるのだろう。エンジンはたびたび煙を吐いた。そのたびに彼は車を止めてメンテナンスをするのだが、またしばらく走ると、エンジンは煙を吐き高熱を出して寝込んでしまう。

車を直している時間、わたしは草原に座り、流れていく雲を目で追いかけ、移動していく影をぼうっと見ていた。太陽の下でうれしそうに歌い踊る草花は、雲の影になると途端におとなしく、無口に変わった。こんなにゆっくりぼうっとするなんて、いつぶりだろうかと、遠く離れた東京の日々を思う。

調子を取り戻した車でふたたび走り出す。遠くの草原を、馬で駆ける遊牧民がいたかと思うと、バイクで爆走する遊牧民がいたりする。地平線の彼方まで誰もなにも見かけなかったり、たまに白くて丸いパオが遠くの緑のなかにぽつんと建っていたりした。

沼にハマった遊牧民の引っ越しトラックを助けたりしながら進み、出発から6時間。ずっと草原を走ってきて、初めて集落があった。小屋が5軒だけの小さな集落。オルツォの案内でひとつの小屋に入ると、そこは売店兼食堂のようになっていた。棚に並んだ商品らしきものはホコリにまみれており、賞味期限がとっくに切れたものばかりだ。

しばらく座っていると、注文を聞かれることのないまま、焼きそばが運ばれてきた。具は独特の臭みを放つ羊肉と、ひからびた小さなニンジンの欠片だけ。この場所でそれらを得るのが、どのくらい大変なのかは容易に想像できたので、曇ったフォークで押し込むようにして食べた。

これまでの人生「何でもおいしく食べる」「出されたものは残さない」というの

を信条にしてきたが、その信条も鼻も折れ曲がりそうだ。しょせん条件の整った世界のなかでしか、自分の信条を持ちうることは叶わないのだと思い知らされた。

さらに進むと途中で検問があった。細い木材をわたしただけの、簡素なゲートの前で車を止める。入域許可証を持っていないわたしはどこかに隠れたかったが、この大草原ではそうもいかない。にっこりと微笑んで、怪しい人間ではないですよとアピールする。

オルツォが役人に何かを話すと、あっさりとゲートは開けられた。

さらに走り続けること4時間。時刻はすでに21時をまわっていたので周囲は真っ暗だ。

弱々しいライトを頼りに走っていると、雨が降り出してきた。しかし、オルツォはいつまでたってもワイパーを動かそうとしない。どうやら壊れているらしい。打ち付ける雨粒でフロントガラスのむこうの視界はにじみ、道はどんどんぬかるんできている。タイヤが泥ですべる回数が増えていく。

途中で小さな川をいくつも渡るのだが、その川たちが徐々に勢いを増してきているように感じられる。

揺れる車のなかで、体もぐらんぐらんと揺れていた。座っていることができないほどの凹凸にカラダが何度も浮く。

初日は車での移動と聞いて「寝ているだけでいいからラクだな」なんて思っていたのが甘かった。寝るどころではない。座っているだけで体力ゲージがどんどん削り取られていくのだ。

この峠を越えれば次の村があるはず、この次の峠こそ、いやいや今度の峠こそ、と期待とガッカリを繰り返すこと、さらに3時間。

真っ暗な平地で車が止まった。

オルツォが「車を降りるよ」というジェスチャーをした。目をこらしてみると、闇のなかにうっすらと建物が見える。

時刻は24時、ついに本日の目的地ツァーガン・ノール村に到着した。

村中が停電しているらしいので、ヘッドライトをつけて建物に入る。家の主人がオルツォとわたしを迎えてくれた。ろうそくを灯してもらうと、奥の部屋にベッドがいくつか見えたので、どうやらここは宿屋のようだ。

パンとヌードルスープを、夕食にと出してくれた。それらを胃に流し込むと、ほっとしたのか疲れがどっと押し寄せてくる。うつらうつらとしているわたしを見て、宿の主人は奥の部屋を薪ストーブであたためてくれ、そちらで休んだらいいよとジェスチャーをして笑った。

ベッドに寝袋を広げて横になり、そのうえから毛布をかぶる。12時間以上も車に揺られていたせいか、まだカラダがぐらぐらと揺られる感覚が残っていた。

あした、ツァータンには会えるのだろうか。


朝起きていくと、居間でオルツォと宿の主人がなにかを話している。わたしを見ると、彼らはソファに座りなさいと言い、そしてお茶を淹れてくれた。きのうの残りのパンをもそもそと食べていると、オルツォが「ツァータン、ノー」と言った。

どういうこと？　と思って聞き返すが、わたしはモンゴル語ができないし、彼らは英語ができない。少しくらい勉強してくれればよかった、申し訳ない。

「うーん、困ったな」という表情をおたがいに浮かべていると、主人がいいことを思いついたという顔をして携帯電話を取り出し、どこかにダイヤルする。

電話の向こうの誰かとしばらく話してから、彼は電話を渡してきた。

受話器に耳をあてると、若めの女性の声で「ハロー」と聞こえた。どうやら英語の話せる人に通訳を頼んだようだ。

「ハロー、あなたがツァータンに会いたいという人ね」

「ええ、そうです」

「残念だけど、いまツァータンはとても遠いところにいるから会えないわ」

なんということでしょう。聞いてはいたが、まさかの「遠くにいるから会えないパターン」が発動。

そうですか、遠くにいらっしゃるのですか。それなら仕方ないから帰りましょうかと、日本でいつも物わかりのいい人を演じてきた自分なら言うであろう。

しかし、ここはモンゴルであり、いまを逃したら我が人生でツァータンに会うことはきっと叶わないであろう。

　だいたい物わかりをよくして生きてきたのは、いったい誰のためだったのか。元恋人から「別れたい」と言われたときだって、泣いたりわめいたりしたかった。なのに、自分の口から出た言葉は「あたらしいそのお相手と、幸せになってね」だった。

　あのとき、わたしは完全にウソをついた。本当は許せない感情のほうが大きかったのに、最後まで彼にとっては物わかりのいい、よき恋人であろうとした。そんなことをしてもなんの意味もないというのに。

「聞こえてる？」という通訳の声で我に返る。

「あぁ、すみません。もっと日数があれば会えるってことですか？」と聞くと、彼女は少し困ったような声を出した。

「ここからは馬で向かうのだけれど、ツァータンが予想されたところにいなければ、また別の場所まで馬に乗って探しにいかないといけないの。あなたは3日後にフライトがあるでしょう。ツァータンを探しにいったらそのフライトにはきっと乗れないわ」

会えない理由がわたしの都合でしかないのは、幸運だった。

「フライトはキャンセルしてもいいから、どうにかならない？　どうしてもツァータンに会いたいんだ」

そうお願いすると、彼女は宿の主人に電話をかわるように言った。

どうなるのだろうと思っていると、彼女と話したオルツォは、宿の主人と車でどこかに出かけていってしまった。

待っているあいだ、庭にあるトイレ小屋に用を足しにいったが、紙がなかった。大だったので拭かないわけにはいかず、あらゆるポケットに手を入れると、ギャツビーが発掘された。カラダや顔を拭くとスーッと清涼感があるうえに、清潔感も得られるデオドラントシートだ。

ああ、よかった、コレで股間は爽快だ。安堵してそれを一枚取り出し、拭きあげた。

そのとき、陰部に焼けるような熱感と痛みを感じて、脳で考えるよりも先に、勝手にカラダが震える。あまりの刺激に、自分のものとは思えない声が出てしまう。こういう類いのシートは、敏感なところには使ってはいけなかったのか。またひとつ、かしこくなった。

股間の受難を反省していると、彼らが帰ってきた。宿の主人が晴れやかな笑顔で「サーティーキロメーター、ワンアワー、ドライブ、ホース、ゴー、ツァータン」と言った。どうやら車で1時間かけて30㎞先まで行き、そこから馬でツァータンのところにいけることになったらしい。

感激と感謝を全身で表現しながら車に乗り込む。向かった先は緑一色の草原に、ぽつんとある白いパオだった。

うながされるまま中に入ると、パオの内部にはなぜか深田恭子さんのポスターが貼ってある。ファンだから、というわけではなく、すきま風が入らないように貼っているようだったが、こんな辺境の地にまでポスターが流通している深田恭子さんは偉大だ。

深キョン家のお父さんが、放牧していた馬をつかまえ鞍をのせてくれた。案内人はこの深キョン父さんと、ポーター役の息子さんが務めてくれるようだ。それにわたしを加えた3人3頭で出発する。

ボテボテのカラダで、よっこらしょっと馬にまたがり振り返ると、深キョンファミリーとオルツォが、ちょっと心配そうな顔を並べて見送ってくれた。

「大丈夫だよ」という顔をして出発したものの、乗馬して数分後から、ずっと尻も恥骨も痛くてたまらない。馬が一歩進むたびに、鞍に打ち付けられるからだ。

途中休憩もなく、数時間が経過していた。膝はガチガチで、脚を伸ばすだけで一苦労だ。

すこし馬に乗る練習をしたくらいで、ツァータンに会おうとするなんて無謀だったのだろうか。そう思っていた矢先、雨が降り出してきた。

馬の足音と、雨の音しか聞こえない。

それから2時間。峠を越えるときがきた。周囲にはまだ雪が残っている。霧なのか雲なのかもわからないが、視界がかすむ。登るにつれ、信じられないほど気温が下がっていく。雨は止まない。手がかじかむ。尻も恥骨も手も膝も、痛い。

さらにいくつもの峠を越える。一体あと何時間でこのツラさは終わるのだろうかと不安になっていたところ、先頭を進んでいた深キョン父さんが馬からおりて、自分の足で山を下りだした。

「急坂なので馬は危ない。下馬してあなたも歩いて」とジェスチャーでいわれ、約5時間ぶりに馬からおりる。自分の足で進もうとするが、地面を一歩踏むたびに激痛が走った。

時計を見る。夜21時。空の色が暗く落ちてきはじめていた。

あまりに痛くてまともに歩ける状態ではなかった。それでも彼らは先に進んでいく。休む時間はないのだから、進む以外に選択肢はないのだ。自分が行くと決めたんじゃないか。しっかりしろよと根性を絞り出す。

うずまく情けなさと痛さで涙目になりながら、雨水でぬかるむ山を下りる。そして、その先に、あった。

ツァータンの住居であるティピー型の「ウルツ」が、遠くにぽつぽつと点在していた。その小さな円錐たちは、白くて細い煙をもくもくと空に放っており、そこに彼らの温度を感じて、涙がこぼれそうだった。

ツァータンの飼い犬たちに盛大に吠えられながら、深キョン父さんと息子とともに、ひとつのウルツへ入らせてもらう。数本の木を円錐形に組み合わせ、その周囲を大判の布地で覆って建てられているウルツ。そのなかは意外なほどにあたたかく、ちいさな灯りがふんわりとした光を抱いていた。

直径5mほどの空間に、5人の男性と1人の女性が座っている。

彼らはトゥバ語とモンゴル語を話すそうだが、不勉強なわたしはどちらもわからない。男性がなにかを話しかけてくれたのだが、内容がわからないので答えようもなかった。

どうコミュニケーションをとったらいいのだろうかと思っていると、奥に座っていた同い年くらいの女性が、突然流暢な英語で「あなた、英語は話せる？」と言った。モンゴルでは英語が話せる人は稀であり、辺境の地ではなおさら珍しい。英語を話せるツァータンがいたとは、ありがたいこと、この上ない。

「どこから来たの?」と聞かれたので「ハポン(モンゴル語で日本)だよ」と答えると、男性たちは口々に「ハポン」「ハポン」と言って笑顔を見せた。

「みんなはね、あなたがモンゴル人に見えるって話していたのよ。雨も降っているし、こんな遅い時間に大変だったわね。さ、ストーブにあたって」

すすめられるままに、濡れた靴や服を薪ストーブで乾かしながら「なんで英語が話せるの?」と聞いてみる。

彼女の名前はザヤといい、ウランバートル出身で6歳からアメリカに住んでいたそうだ。帰国後は通訳として働いていたが、ひょんなキッカケでツァータンの男性と出会って恋に落ち、結婚。いまはツァータンとして、ここに暮らしているのだと話してくれた。

しばらく会話していると、すらりとした長身の白人女性が帰ってきた。彼女はマリー。数ヶ月彼らとともに生活しながらツァータンについて研究しているという。「ザヤが英語を話せるから、研究が進んでうれしいのよ」と笑った。

いろんな人がいるんだなぁと思いながら話していると、となりに座っていた深キヨン父さんが、懐から手紙を出してツァータンたちに手渡していた。

みんなはその手紙を回し読みしては、笑顔でフンフンとうなずきあう。

なんの手紙かと思っていたら、オルツォからだった。

ザヤの通訳によると「ミギーはここには1日しか滞在できない。でも、君たちツァータンに会うのをとてもたのしみにしていた。だから彼女のことをよろしく頼む」と記されているらしい。いつのまにこんな手紙を書いていてくれたのかと思うと、その心遣いに涙がこぼれた。

彼らはずっしりと重量感のあるパンとお茶、そして砂糖で、もてなしてくれる。

自分はバックパックのなかに、プリングルスの小さな缶が入っているのを思い出し、それを取り出してみんなに分けた。

ザヤが通訳をしてくれるおかげで、わいわいと会話が盛り上がる。受け入れてもらえてよかったなぁと安堵しながら、空になったプリングルスの容器をバッグに戻そうとしていると、ザヤが「それ、どうするの？」と聞いてきた。

「ゴミだから持って帰って捨てるよ」と答えると、彼女は「捨てるんだったら、ちょうだい」と言うので容器を渡した。

「これね、丈夫そうだから灰皿にちょうどいいと思ったのよね」と笑いながら、タバコを吸う男性たちのあいだにプリングルスの缶を置く。彼らはよろこんで、そのあたらしい灰皿を使いはじめた。

周りを見渡してみると、ウルツのなかには意外なほどにモノがなかった。

日本にいたころに住んでいた部屋は、机にテレビに雑貨に装飾、壁面いっぱいの本棚には書籍やコレクションが並び、クローゼットには着きれないほどの服が押し込まれていた。

それなのに、ここはどうだ。本棚もなければクローゼットもない。中央にある薪ストーブと、隅に敷かれた簡素なマットレス。あとは食料の入った大きな袋と、生活用品を入れるための箱があるくらい。

彼らはタバコの吸い殻以外、ゴミをほとんど出さない。一度使っただけで捨てるようなものを選ばないからだ。

わたしは何か行動するたびにゴミを出している。包装のフィルムに、ビニール袋、デオドラントシートに、トイレットペーパー。ゴミが出るとか、無駄があるとか、そんなことなんて考えもせずに、ひたすら自分の便利さだけを優先させて生きてきた。

小学生のころから環境問題の授業があるたびに、感想文には「ひとりひとりの心がけがたいせつだと思います」なんて、わかったようなことを書いていたが、結局は何も考えてこなかったのだ。

いっぱい作って、いっぱい売って、いっぱい買って、いっぱい捨てる。

そのサイクルを繰り返してこそ、世界は成長するのだと声高に叫ばれる。

成長の先は幸せか？　永久に成長し続けるなんて、幻想じゃないか？　薄い違和感は、叫ばれる声の大きさにかき消されていく。

だからこそ、この大渦に巻き込まれずに暮らしている人に会ってみたかった。これまで理解できなかった、理解しようとしてこなかった価値観に出合えば、自分の生きづらさを溶かすヒントがあるのではないかと思っていたからだ。

靴下をびしょ濡れにしていた水分が、心の憑き物と一緒に蒸発して消えていく。

あたたまった足が感覚を取り戻したころ、ザヤが「ゲスト用のウルツもあるけど、わたしのウルツのほうがあたたかいし、話もできるからここに泊まったらどう？」と誘ってくれた。

マリーも「わたしのベッド使っていいよ。明日帰るなら、ちゃんと休まないと」と、やさしさのコンボが続く。

長時間の慣れない乗馬と、濡れた寒さで体力がぎりぎりだったので、ありがたく甘えさせてもらうことにした。マリーがふだん寝ているらしい薄いベッドマットのうえに寝袋を広げ、彼女たちのやさしさとストーブであたためられたカラダを滑り込ませる。

ザヤとマリーがふたりして「まだ寒いでしょう」「なんといっても、きょうは雨だからね」と言いながら毛布をかけてくれた。どっしりとした毛布の重さは、まるで大きな動物に守られているような安心感だ。

ふたりがキャッキャと話しているのを聞いているうちに、いつのまにか眠ってしまった。

起きて最初に思ったのは「ここは、どこ?」。

薄く目を開けると、視界には夜空と、瞬く小さな星たち。

「まだ夜なのかな?」と思ったが、意識がハッキリしてくると、自分がいまどこにいるのかが理解できた。星空に見えたそれは、ウルツを覆う布にあいた、小さな穴だったのだ。

つい先月までは、毎日寝起きで同じ天井を見るのが普通だったから、見知らぬ天井の下で目を覚ますことにまだ慣れておらず、きょうみたいな日は別の惑星にワープしたような気さえしてくる。

ザヤが起きて、薪ストーブをつけてくれた。ウルツがあたたまるまで、みんなで二度寝した。寝起きの声でちょっとした冗談を言い合って笑って、また眠る。

あたたかい空気に満たされたころ、ザヤが朝食用のパンを出してくれた。このパンは遊牧民の家やツァーガン・ノール村でも出されていたのと同じ、シンプルな味わいのものなのだが、ストーブの上でトーストして、バターを塗って砂糖をまぶすと途端にごちそうに変身する。それをかじりながらいろんな話をした。

ここの北西エリアにもツァータンはいるのだが、彼らとのあいだにロシア国境ができてしまったため、もう会うことはかなわないこと。

ツァータンはもともとトゥバ共和国（現ロシア）の民族なので、トゥバ語が母国語だったのだが、いまではおたがいの住むエリアがモンゴルとロシアという別の国に隔てられたため、同じ民族でありながら、使う言語も生活様式も変化してきていること。

教育はどうしているのかと聞くと、子どもは学校にいく年齢になるとツァーガン・ノール村に預けられて学校に通うのだと教えてくれた。長期の休みには馬に乗って帰省してくるのだが、なにしろ道のりが遠いので簡単には会いにいけないし、連絡も取れないしで、子どもたちがさみしさで泣くから困るのよね、と笑った。

大学に進学して生物学や観光学を学んで、ここでの暮らしに役立てているツァータンもいるのだという。街の大学を出てもなお、この水道も電気もない暮らしに戻ってこられるのはなぜなのだろう。

わたしは進学のためと言い訳して福岡から上京し、卒業後もそのまま東京で就職。故郷が嫌いなわけではなかったが、帰りたいとは思わなかった。

東京には遊びも自由もチャンスも、そこらじゅうにキラキラしたモノがあふれている。自分が特別でなくても、たとえなにも持っていなくても、欲望を刺激し続けてくれる街にいれば、退屈せずにいられた。

ザヤはアメリカの大学を出て、通訳として働きながら都会の暮らしを満喫していたが、いまはここで遊牧民ツァータンとしての暮らしを選んでいる。それはどうしてなのかを聞いてみたくなった。

「うーん、そうね。都会はいろんなモノがあふれているよね。それをおもしろいと思っていたこともあったよ。たしかに、いろんなモノがあれば便利で楽しいかもしれないけれど、それだけで幸せになれるわけじゃないし。遊牧民だからってわけじゃないけど、本当にたいせつなモノだけを持っていられたら十分なのよ。自然と伝統、そして愛する家族と、シンプルに生きていく。それがわたしにとっての幸せだってわかったの」

余計なモノが一切ない、ぬくもりでいっぱいになったウルツのなかで、彼女は笑い、となりに座る夫の背中をぽんぽんと叩いていた。

ここにいるツァータンは27世帯、トナカイ約350頭で成り立っていると教えてくれたのだが、実はきのうもきょうも、まだトナカイは数頭しか見かけていなかった。

ザヤはウソをつくような人ではないし、もしかしたら心のきれいな人にしか見えない種類のトナカイなのかもしれない。

そんなことを思っていたら、遠くから声が聞こえた。「トナカイが帰ってきたわよ」と彼女が教えてくれる。トナカイが昨夜からいなかったのは、エサである苔を求めて放牧させていたからだったのだ。

わくわくしながら外に飛び出すと、数えきれないほどのトナカイが、集落のなかを自由に歩き回っていた。

わたしが立っていると「なんだ」「誰だ」「なになに」「どうした」という声が聞

こえそうな勢いで、トナカイたちがワッサワッサと寄ってくる。やけにフレンドリーなので触ろうとすると「触ってほしくはないのだ」と、サッと避ける。それなのに風景の写真を撮ろうとカメラを構えると、また寄ってきては、フレームのなかにニュッと顔や角を入れてくる。やっぱり構ってほしいのかと思って手をのばすと「そうじゃない」といわんばかりに逃げていく。トナカイは、ツンデレである。

トナカイたちに囲まれながら散歩したり、ツァータンのみなさんと話したりしていたら、あっというまに出発のときが来てしまった。

「いい時間だったわ、また必ず会いましょう」と、ザヤとマリーが抱きしめてくれた。ザヤは連絡先としてメールアドレスを教えてくれたが「メールを確認できるのは街に行ったときだけだから、返事は気長に待っていてね」と笑った。

馬にまたがって、いざ出発のとき。

ザヤが見送りにきてくれ「トナカイの角はわるいものを遠ざける効果があるから」と言って、革紐を通した小さな角をプレゼントしてくれた。

「これからの旅、きっとこれがあなたを守ってくれるわ。いい旅をしてきてね、そしてまた会いにきてね」そう言って彼女は手を振った。

しとしとと降り続いていた雨も、いつのまにか止んでいて、帰り道はまったく寒くなかった。カラダもきもちも、ふしぎとあたたかく感じた。

あれほど気になっていた尻と恥骨の痛みも忘れ、馬と森の中をテンポよく駆けていく。深キョン父さんも息子さんも、ようやくまともに馬に乗れるようになったわたしに笑顔を向けてくれる。

果てしない景色が続く。

ぽかんと浮かぶ雲たちが、遠近で層になっているのがわかるくらいに、遠くの遠くまで、空は続いている。視力のおよぶ限り、そしてその先にも、大地がつながっているのが感じられた。

出発から6時間。真っ白なパオが近づいてくる。帰ってきたのだ。

最後の数百メートル。深キョン父さんがニッコリと笑って、馬を駆足にさせる。

馬は、走ってくれた。信じられないくらい、重さがなかった。

馬と一体になって草の上を飛んでいるかのように、草原が視界を通りすぎていく。

あまりの爽快さに、このまま空へと離陸できるのではと錯覚してしまう。

パオの前では、深キョン父さんの家族とオルツォが帰りを待っていてくれた。「どうだったかい？」と微笑みを向けてくれた彼らに「本当に、本当にすばらしかった！」と、一所懸命に身振り手振りで伝える。みんなうれしそうな顔をして、よかったなぁと笑ってくれた。

この冒険の代償として、恥骨は触るだけで痛い日が数日続き、尻はさらに広範囲で皮がずる剝けになってしまった。

しかし異性に股間を露出する機会は一切なく、股間を使った運動をする予定も一切なかったので、そこまでの問題にはならなかった。唯一の問題は、治りかけの尻がずっと痒かったくらい。人前でぼりぼりと掻くわけにいかなかったが、間寛平師匠のように壁やイスに尻をこすりつければ、意外と乗り切れることを学んだ。

ザヤからもらったトナカイの角は、バックパックにくくりつける。わるいものを退ける効果があるらしいから、きっとこれからはいい出会いに恵まれることであろう。

次に乗馬以外の意味で、愛を持って股間を酷使できるのはいつになるのだろうか。ザヤのように、自分の世界を変えてまでも愛したい相手に出会える日は来るのだろうか。

喪中の恋心の遺影を抱いたままの自分には、それはまだ想像すらできなかった。

オルツォと沼にハマった遊牧民の引っ越しトラックを救出。このトラック一台で、家を含むすべての荷物が運べるミニマルぶり。

星空のように見えた、ウルツの天井の穴。

ザヤとマリーとわたし。歳が近いこともあり、いろんな話で盛り上がった。

島でテント生活、はじめました。しかも全裸で。（ギリシャ、ガヴドス島）

宇宙まで突き抜けるような青空。ジリジリと肌を焦がす太陽。素手で触れないほどに熱せられた砂浜。絶えずかたちを変えて打ち寄せる波。

潮風がきもちいい。肌をそっとなでるように、やさしい風が吹いている。おっぱいのかたちにそって、空気が流れていくのがわかる。

髪の毛が風にたなびく。陰毛も、風にそよそよと揺れていた。

そう、わたしは全裸だ。

浜辺に、全裸で、仁王立ち。

そして、まわりにいる全員が、もれなく全裸だ。

ここはギリシャのガヴドス島。人口２００人ほどの小さな島に、夏になるとヨーロッパ中のちょっと変わった人々が、自由を求めてやってくる。そんな彼らにまぎれ、わたしも船に揺られて、この奇妙な島にやってきた。

キッカケは些細なことだった。モンゴル、ロシア、フィンランドと旅して、次はどこに行こうかと地図をながめていたら、ヨーロッパの最南端に小さな島が浮かんでいる。北極圏のあとだし、南のほうに行ってみるのもいいかも。

そのくらいのきもちだったのだが、調べていくうちにどうやらこの島は普通ではないことがわかった。

日本語の情報が見つからなかったので、マイナーな場所なのは間違いない。英語の情報サイトを読んだり、ギリシア語をネット翻訳で解読したりした結果、なんと全裸で生活している人たちのエリアがあることが判明。

それってどういうことだ？　みんな本当に全裸なのか？　どんな雰囲気なのだろう？　エロ？　エロなの？　男性のあれも、女性のおっぱいも見放題なの？　疑問は次々に浮かんでくる。

しかし、調べても詳しい情報はまったく出てこない。なぜだ、この現代社会でそんなことがあるのか。秘密の花園なのか。

こうなっては行くしかないだろう。自分の目で、どんな島なのか見てくるのだ。そして全裸で生活してみるのだ。どんなきもちになるだろう。みんな、なにをしているんだろう。

そんな疑問とテントを担いで、全裸の島を目指して海を渡った。

ガウドス島の港に着いたはいいが、どこに行けばいいのかわからない。船から吐き出された人たちは皆、大荷物をえっちらおっちら運んで、次々とバスに乗り込んでいる。とりあえずついていこうと、人と荷物でギュウギュウになっていたバスにカラダを押し込んだ。

ふとっちょの陽気なドライバーが、ゆるゆるとバスを走らせる。ギリシア語でなにやら案内をしているが、なにがどこだかさっぱりわからん。

バスは何度か停車し、そのたびに大荷物の旅行者を降ろしては、また先へと進んでいった。行くアテのなかったわたしは、窓の外をながめながら頭上に「?」をたくさん浮かべていた。一体ここはどんな島なのだろう。想像しようにも、パズルのピースが全然足らない。解像感の低すぎる画像みたいな想像図。

ドライバーが、身振り手振りで「終点」と教えてくれる。バス停らしさは皆無だが、どうやらここが終点らしい。

降りてみると、眼下には真っ青な海が広がっている。見渡してみると、ほかにはこぢんまりとした食堂と、6畳くらいの商店があるだけだった。

バックパックを担いで、どうしようかとキョロキョロしていると、終点まで一緒だった数人の乗客たちが、皆同じ方向に歩いていくのが見えた。

こういうときは先人に倣うのが一番である。後ろをついていくことにする。

腰の高さほどの木々がポツポツと生えているだけの砂道を、テクテクと歩いていく。たまにちょっと背の高い木があると、その木陰にはテントと、誰かが生活している気配があった。

ガヴドスにホテルはない。あるのは民宿か住居の間借りだけで、それも数が圧倒的に足りていない。なので、ここに来る旅行者のほとんどはテント生活をしているのだ。

先を歩いていた人々も、次第に散り散りになってテント生活するのによい場所を探しに行く。わたしも早めにいい場所を見つけなくては。

なぜならば、ものすごい暑さなのだ。真夏のギリシャは暑すぎる。

汗大盛りつゆだくになりつつ先に進む。ずんずん歩いていくと、突然、地面がフカフカになった。砂浜だ。ふと顔をあげると、目の前は、ビーチ。

ただ、普通のビーチとはちがった。全員、全裸。もれなく全裸。

あー……えーっと……ぜんら、全裸だよね……。

暑さで頭がぼうっとして、視界に思考が追いつかない。脱水症状かもしれないし、もしかしたら幻覚なのかも。とにかく早く休む場所を確保しなくては。

気合いを入れ直して、海を背に歩き出す。よさそうな木陰を見つけるたびに、のぞき込んでみる。しかし、すでに先客がいるか、もしくは急勾配すぎてテントを張るには適さないかだ。

かなりの時間歩いても、いい場所は見つからなかった。真夏の太陽で、肌がチリチリと焦げているのがわかる。サンダルに入り込んだ灼熱の砂のおかげで、足は真っ赤っか。こんな命がけで歩くビーチは人生初だ。

暑いし、足は痛いし、水も尽きたし、荷物は重いし、いい場所は見つからないし、独身だし、彼氏もいないし、帰る場所もないし……もうダメかもしれない……ここでひからびて他界するのだ……ミギー先生の次回作にご期待ください……。

全身、汗でぐしょ濡れになりながら朦朧としていると、美男美女がこちらに歩いてきた。天国からのお迎えだろうか。

肌色の服を着ているのかと思ったが、よく見るとやはり全裸だ。この島は天使まで全裸なのだな。

「きみ、大丈夫？」と、男の天使が微笑みかけてきた。天使に失礼があってはいけないので、股間を見ないように心がける。目を見る、目を見る、と強く意識しながら「テントを張る場所が見つからなくて」と話すと、彼らは「わたしたちの近所に、いい場所があるよ」と言って案内してくれた。

このまま天国に行くのかもしれない。脳内では名作『フランダースの犬』のテーマ曲が自動再生される。パトラッシュ、ぼくはもう疲れたよ……と思いながらついていくと、ちょっとした丘の上にたどり着いた。

そこに生えているのは、背の高い1本の松の木。その木陰には多少の凹凸はあれど、まるで仰向けになったときのわたしのおっぱいのごとく平坦であった。

「きのう、ここに住んでいた人が帰ったから、ちょうどいいと思ったのよ」

ああ……なんとありがたい。いまのわたしにとって、この松の丘は渋谷区松濤のオシャレすぎるデザイナーズマンションよりも価値ある場所だ。

全裸の天使カップルにお礼を告げて、丘の上にテントを建てる。外には縁側代わりにゴザを敷いた。海も見えるし、風も通る。最高の我が家が、ここに完成したのだ。

家を建てたところで、とにかく暑いので水浴びをしようと海へと向かう。

ビーチに着いたわたしは、強烈な違和感に包まれた。服を着ているのが自分ただひとりだけだったのだ。

東京の街で全裸の人が歩いていれば、その人は完全に犯罪者である。しかし、いまこの場所では着衣のわたしこそが、完全な異物だったのだ。

自分がひどく不自然に思えた。なぜわたしは服を着ているのだろう。着る必要なんてないじゃないか。

そうだ、着なくていいんだぁっぁっぁあああ！

ビーチ近くの木陰で、汗で塩ができているタンクトップから、ズボンから、ブラジャーから、パンツまでを脱ぎ捨てる。

生まれたままの姿で、ゆっくりと海へと歩いていく。カラダ中を潮風がなでていく。おっぱいも股間も、どこもかしこも、すべてに風がやさしく吹いている。

なんという開放感。すべてが解き放たれる感覚。いま、わたしと世界を隔てるものはなにもないのだ。

湧き上がる興奮を沈めるべく、海へ入る。そして、泳いでみる。

ふぉぉぉおおお！　きもちいいいいぃぃぃいぃぃい！　なんだ！この感覚は！

自分の身ひとつで接する世界とは、こんなにも！　きもちいいものなのか！　うぁあああい！

こんな調子でハイテンション水泳をしていたら、いつのまにか沖に流されていた。

このままだと本当の意味で自然界と一体になってしまうと、必死になって岸まで戻る。「日本人女性、傷心旅行で全裸になり死亡」なんてシャレにならん。

命からがらビーチに戻ると、泳ぎ疲れてそのまま波打ち際に倒れ込んだ。次から次へと押し寄せる波と砂が、肌の上を行ったり来たりするのがきもちよくて「ずっとこの島にいたい」と、息を切らしながらそんなことを思った。

移動手段は、歩くか、バス。バスに乗るときは服を着るのがマナー。

すてきな我が家。ちょっと小高い丘にあるので、テントから出れば海が一望できる最高の立地。

海側からビーチを撮影。近くで撮ると、みんなの裸が入ってしまうので。

セックスチャンスが大フィーバー。わたしはバッターボックスに立てるのか。（ギリシャ、ガウドス島）

わたしにとって、ガウドス島はパラダイスだった。

毎日、海で泳いだり、木陰で昼寝をしたり、凧揚げをしたり、水と食料を買いに商店に行ったり、ほかのビーチまで歩いて遠征したり、島で出会った人たちと食堂でビールを飲んだり、パーティーに出かけたり。たのしいことは、いくらでもあった。

ここで仲良くなった全員が、この島のリピーターだ。ガウドスに惚れ込んで10年以上通っている友人アキスは熱弁する。

「この島は、ほかのギリシャのどの島にも似ていない。心からリラックスしてすごせるんだ。ポリスステーションはあるけど、警官はひとりしかいない。その警官も、とてもいい奴だ。この島では、警官が必要になるような事件は起こらないからね。

たとえば、キミがその辺に荷物を置いて、その横で寝ていたとしよう。誰もレイプなんてしないし、誰も荷物を盗んだりしない。90%の人は何もしないよ。え？　残りの10%は何をするのかって？　寝袋をかけてあげるんだよ。風邪をひかないようにね」

確かにこの島では、盗難の心配すら皆無だった。

食堂では携帯電話やパソコンを充電させてもらえるのだが、みんなそれらをチャージャーに接続したまま、無警戒に放置している。テントを持っていない旅行者は、荷物を脇に置いて、砂の上ですやすやと眠っていた。

女性がひとりでテント生活をするのは、他の国ではなかなか勇気のいることだが、ガヴドスで不安になることは、一度もなかった。

直感で「なんだかいいところかも」くらいにしか思っていなかった島だが、ここですごせばすごすほど、本当にいい島なのだと実感が増していく。

すれちがえば、みんな笑顔で挨拶してくれる。テントの脇を通るとき、声をかけてくれる人も多い。バケーションシーズンのわりに、人がそんなにいないので、滞在期間が長くなるにつれて、顔見知りが増えていく。

全裸の人ばかりだけれど、いやらしい雰囲気を持つ人は誰ひとりおらず、みんな思い思いに、自由に、ゆるやかにすごしている。笛を吹く人、編み物をする人、波とたわむれる人、犬とじゃれあう人、木や石を集めて家を建てる人。

こんなおだやかな生活があるんだなぁと、これまでの人生で比類なきほど、やわらかいきもちで暮せていた。

この島で友人と呼べる人もできた。人見知りな自分にとっては奇跡的な出来事なのだが、おたがいに全裸同士だからか、仲良くなるのがとても早い。

外の世界では服やアクセサリー、持ち物など、外見で判断する要素が多いのだが、ここではまさに裸一貫での付き合いなのでノイズがない。服という装飾がないぶん、ダイレクトに通じ合うものがあるのかもしれない。

全裸生活と聞いて「おっぱい見放題！」と思う男性もいるだろう。かくいうわたしも「外国人男性は本当にアレが大きいのか確認したい！」と、ふしだらに鼻息を荒くしていた。

しかし、意外にも実際に全裸同士で接していると、そういう欲がなくなるらしい。男性と会話しているとき「おっぱい査定してくるのかな」と警戒して目線を追っていたのだが、彼らの視線がおっぱいや股間に移動することは皆無である。

わたしもこの島に来たばかりのときは「股間を見ちゃダメだ」「見ちゃダメだ」「見ちゃダメだ」と某アニメの主人公のごとく念じていたが、いつからか自然と相手の股間は気にならなくなっていた。

むしろ、全裸のときには気にならないものの、腰巻きをしている相手が無防備に座ったときに、パンチラならぬチンチラをしているときのほうが、意識と目線がチンに向いてしまう。

さて、仲良くなるスピードが早いと話したが、それ以降の展開も早いのがガウドス島のふしぎである。

セックスに誘われる回数がやたら多いのだ。女性がいたら必ずセックスに誘わないといけないというローカルルールでもあるのかと疑ってしまうほど、知り合った男性の約8割が、隙あらばセックスはいかがですかとお誘いくださるのである。

ギリシャは世界No．1のセックス回数を誇る国だと聞いてはいたが、まさかここまで積極的に取り組んでおられるとは大変恐れ入る。

そんなセックスチャンス・エピソードをひとつお話ししよう。

ガヴドス島にある最南端のビーチ、つまりヨーロッパ最南端に位置するトリピティビーチはいいところだと、もっぱらの評判だった。せっかくなので行ってみようと1日1往復のバスに乗って向かう。ちなみに、公共の場（バスや船）では全裸ではなく、服を着るのがマナーだ。

最南端のバス停コルフォスから、目的地のトリピティまでは歩いて約1時間。バスのドライバーに道を聞いて出発しようとしたら、同じバスでここまで来た、甘いマスクをもつ長身長髪の男性に話しかけられた。

彼の名はマーティン。ドイツとインドのミックスで、絵描きをしているという。「一緒に行ってもいい？」と聞かれたので、誰か一緒のほうが歩く気力も湧き出るだろうと思い、了承した。

猛暑のなか世間話をしながら、ふたりでテクテク歩いたり、丘をのぼったり、岩をおりたりして、無事にトリピティに到着。不便な場所にあるからか、広くて美しくビーチにもかかわらず、人はほとんどいなかった。数人いる先客は、もちろん全裸だ。

マーティンもわたしも全裸になって泳ぐ。透き通ったあたたかい海で泳ぐと、自分のなかのわるいものまで澄んでいくような気分になる。

水に入ってカラダの熱が鎮まったところで、木陰に並んで座ってランチを食べた。彼のカバンからは次々と食べ物が出てきて、まるで四次元ポケットのようだ。

食後にのんびりとしていると、「このビーチはセックスするのに最適だと思うんだけど、どう思う？」と聞かれる。彼の意図するところが微妙だったので「そうかな。考えたことなかった。たしかにカップルが何組かいるね」と生返事。

するとまたしばらくしてから「ボクはキミのこと、好きだよ」と、にっこり微笑むではありませんか。

これ、もしかしたら、アレなんじゃないか……と確信して、身と股間を引き締める。だまっているのも悪いので「そう、ありがとう」と返すも、彼はまったく怯まずに誘い続ける。これが男前の自信なのか。それともセックス回数Ｎｏ．１の国ギリシャが、彼にチカラを与えているのか。

「ぼくとセックスしない？」

きたー！　セックス警報発令きたー！　総員、第一種戦闘配置！

「え？　突然なに？　ここで？」と、冗談ムードを演出するも、彼はカバンをゴソゴソと探り、ジャジャーンとばかりにコンドームを取り出し「ちゃんと持っているよ」と、にっこりと笑う。

『天空の城のラピュタ』の洞窟シーンで、次々モノが出てくる主人公パズーのカバンを見て、ヒロインのシータが「なんでも出てくるのね」おどろくように、わたしも「なんでも出てくるのね（出てこなくていいのに）」と言ってしまうほどのサプライズ。

マーティンは見た目だけじゃなく性格もよさげであり、わたしの「外国人との性行為への好奇心」もゼロではなかった。だが、ガブドスを出るまでに残された日数は、もうあとわずか。

この短期間で彼を本気で好きになることもないだろうから「セックスした事実だけが残る」という結末になるのは目に見えていた。

そして、あまり考えないようにしていたものの、心の奥底に沈めた箱のフタを開けてみれば、自分の痛んだ恋心はまだカサブタにもなっておらず、傷口が膿んでぐちゃぐちゃなままだった。

とてもじゃないが、あたらしい男性とセックスするような気分にはなれなかった。バッターボックスに入るどころか、ネクスト・バッターズ・サークルにさえも怖くて入れない。

「すまぬ」と断ったら、彼も「わかったよ」と微笑んでくれたので、ふたりで来た道を戻ることにした。サンキュー、マーティン。

帰り道でも再度「ねーねー、しようよー」と食い下がってきた、彼のハートの強さは見習いたい。しかし、わたしもいい年なので、ここで尻軽になるくらいなら、いっそのこと足軽になって、独身女一揆でも起こしたほうがマシである。敵将を倒しまくって出世したあかつきには、独身者にもやさしい政治をまっとうする所存である。

余談だが、テントで性行為をするのは、野外でしているのとほぼ同じ勢いで、音が聞こえてしまう。このような静かな島では、音量を控えめにするよう注意が必要だ。

あと、照明をつけていると、テントの外からシルエットが丸見えになるので、他人に見せる趣味でないのであれば、消灯してからのまぐわいをおすすめする。

以上が、ガヴドス島でのテント生活で得た知見である。

活かせる場面は、特にない。

滞在していたエリアで、唯一お買い物と食事ができたところ。左側に小さな商店があり、右側がレストラン。ほぼ毎日通っていた。

ガヴドスが気に入って毎年来ているイギリス人のディック。二年かがりで、この家を自力で建てた。かまどがあって、料理もできる快適仕様。

この島一番と名高いトリピティは、ビーチも海も美しい。またいつか訪れたい、大好きな島だ。

サプライズ好きはインドに行こう。いいサプライズだけではないけれど。（インド、カソール）

インド
カソール

「インドに行けば人生観が変わる」とか「インドに行った人間は二種類に分かれる。大好きになるか、大嫌いになるかだ」などといったフレーズは、バックパッカーのあいだで、耳にタコができるほど繰り返されてきた。

かくいうわたしの初インドは、大学の卒業旅行。タイとミャンマーを旅したのち、ひとりでインドへと流れ着いた。同級生たちが欧米でオシャレな旅行を満喫している裏で、わたしはインドで牛のウンコを踏んでいた。

初のインド旅は、ひどい結果に終わった。到着3日目で高熱を出し、下痢と嘔吐が止まらなくなる、いわゆる「インドの洗礼」を思いっきり受けたのだ。

ニューデリーの安宿街パハールガンジにある、ドミトリーのボロいベッドの上で、唸りながら毎日をすごす以外になす術はなかった。ドミトリーは5階にあり、安宿なので、もちろんエレベーターはない。バックパッカーの溜まり場的な街だというのに、このとき宿泊客はほかに誰もいなかった。この当時スマホはなく、スタッフはまったく掃除に来ないので、誰にも助けを求められない。

買い置きしていた水と食料が尽きたとき、階段を下りることもできなかった瀕死のわたしは、窓の外から聞こえるインドの喧騒を聴きながら涙し「このまま他界するかもしれない」と本気で思ったものだ。

数日後、真っ白な顔で死期を待っている宿泊客の存在に、ようやく気づいた宿の従業員が、水だのバナナだのを買ってきてくれ、一命はとりとめた。

それから1週間経っても下痢が治らないので、いったんインドを離れようと安い航空券で香港に飛び、中華粥を食べて、静かなベッドで療養に専念。

香港では、物乞いが大名行列のように自分に連なってくることもないし、客引きや詐欺師にマンツーマンでマークされることもない。もちろん牛のウンコも落ちていないしで、安心して歩けた。すぐ日本に帰らなかったのは、ちょっとした意地だった。

香港で数日経ったころ、なぜかインドが気になってきた。またインドに戻らなくてはと思うのだ。まったく意味がわからない。初インドの思い出には、ろくなものがなかったのに。

このまま旅を終えると、インドを嫌いになってしまう。ニューデリーのゲストハウスで、天井のシミを数えていた思い出と、宿のスタッフにバナナ代をボラれた思い出しかない。もう一度インドに行ってみようと思った。この時点でまんまとインドの策略（？）にハマっていたのだろう。

2度目のインドは最高だった。

停電した街を歩いていたら牛のウンコで滑って転ぶし、リキシャー（人力車）から華麗に飛び降りたら、また牛のウンコを踏んだ。まだ下痢は治っていなかったが、薬局で下痢止めを買って飲んだら、強烈な効き目で便秘になった。

なにもかもが過剰で、過激で、理解ができなくて、すっかりおもしろくなってしまったのだ。

それからというもの、就職してからも頻繁にインドに通うようになった。

インドは毎回、予想もできないようなサプライズをくれる。ダライ・ラマ猊下にお会いできたり、他殺体を見つけたり、落とし穴にハマったり、同時にふたりの旅行者から告白される謎のモテ期を迎えたり、死体が焼かれているのを見たり、適当な占い師が転職しろと言うので、それを真に受けて職を変えたりした。

そして今回も例外なく、驚きの経験をさせていただいたのだ。

警察による強制の持ち物検査、そして家宅捜索である。

インド警察の腐敗ぶりは枚挙に遑がないレベルで有名なのだが、北インドの街、カソールの警察は、そのなかでも群を抜いて味わい深い酷さであった。

カソールはダンスミュージックのイベント、いわゆるレイヴパーティーが盛んな場所なので、マリファナやドラッグが蔓延している。蔓延していると書いたが、マリファナは道ばたにニョキニョキと自生しており、規制のしようがない。

とある日、南インドのゴアを旅したときに仲良くなった、亡命チベット人3世の友人ケルサンと、このカソールで落ち合った。

滞在していた安宿の中庭で、ケルサンとわたし、そしてインド人の友人たちと、チャイをすすりながらボケーっとすごしていると、突然ふたりの警察がやってきた。なんの用事だろうと思っていると、荷物検査と家宅捜索をしにきたのだという。

問答無用でわたしも対象である。なんで？

360度どこから見ても、善良で純粋無垢な人間なので、日本ですら職務質問をされたことがないのに……職質バージンどころか、さらに持検バージンまで奪われるハメになってしまった。

この平和な昼下がりに一体なんなのだと思いつつも、協力しないと言うとさらに面倒くさいことになりそうなので、清廉潔白でピュアな乙女であることを証明するためにも承諾することにした。

わたしにとって不都合なことはなにもなかったが、唯一イヤだったのは、洗っていない汚れた下着袋を開けられたことくらいである。

不都合があったのは、同じ宿にいた他の旅行者たちだった。ある人はハシシ（またの名をチャラス。原料はマリファナ）を没収されたり、またある人は、それらの所持を見逃すかわりに賄賂を強要されたり、金目の持ち物を持っていかれたりしていた。ケルサンも持っていたハシシを没収されて、肩をがっくりと落としていた。漫画だったら頭上に「しょんぼり」と描かれるほどの落ち込みぶりだ。

いくらマリファナが無造作に生えている街とはいえ、法律でマリファナの所持は違法なので、それらを没収されたり、それで逮捕されたりするのは仕方のないことである。とはいえ、地元民も旅行者も、チャイ屋や食堂でなんの違和感もなくバンバン吸っているのだけれど。

この日の夕方、レストランで食事をしていたら、昼間の警官を見かけた。私服に着替えてはいたが、いわゆる悪徳警官そのまんまな顔をしていたので覚えていたのだ。

少し離れた席にいたわたしの視界に、目を疑う光景が入ってきた。

その警官は没収したネタを、公衆の面前でバカスカ吸っていたのである。機関車のように煙を吐き出し、大変ご満悦な表情を浮かべている。

なんだこの状況……完全に横領じゃないか……と思って横目で見ていると、煙の奥で彼と目が合った。

彼は立ち上がり、こちらに歩いてくる。

マズい。いちゃもん付けられたらどうしよう。

彼は動揺するわたしの横に座り、笑顔で一言。

「一緒に吸うか？」と勧めてきたのである。意味がわからない。

インドでは多種多様の意味不明が存在しているのだが、これもかなり意味不明な部類に入る。もちろん丁重にお断りした。

地元民も旅行者も「ポリスは、もはやマフィアだ」と、しきりに話していたのを、最初は「そりゃ言いすぎでしょう」と思っていたが、いまとなっては完全に同意である。

重ねて驚くことに、彼らはこの2日後にも、また宿にガサ入れにやってきた。

下着以外は汚れのない聖人君子（わたし）からは、なにも取れないと学習したらしく、完全にスルーされたものの、他の旅行者たちは懲りずに再度ネタを調達していたので、また荷物と部屋を隅から隅までひっくり返されては、いろんなものを没収されていた。

ケルサンも買い戻したばかりのハシシを持っていかれたうえに、逮捕しない代わりの賄賂として、懐中電灯を取られていた。キミらも学習しなさいよ……。

落ち込む友人たちをなぐさめるべく、夕飯を食べにいこうと歩いていると、サンダルがズルッとすべった。

イヤな予感がしながら足元をみると、牛のウンコだった。

インドでは足元に注意しながら歩かないといけない。わたしにも学習が必要である。

パーティーもよく開催されているバックパッカータウンのカソール。大きいイベントがあると宿が軒並み満室になることも。

宿の中庭でくつろぎの時間。このあと警察がきて、こっぴどくやられる友だち三人衆である。

はじめて来たときとは、比べ物にならないくらいに発展していたインド。いまでもハッとさせられることが多くて、何度でも行きたくなる、ふしぎな国。

秘境の国の王子さまに謁見。ところでわたしの王子さまはどこに？（ネパール、ムスタン）

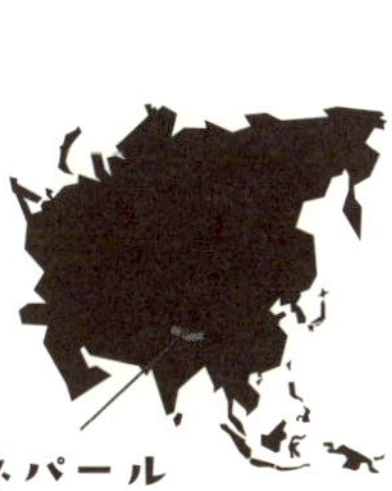

鎖国といえば、江戸時代。長きにわたって鎖国していた日本は、独自の文化が残る国となった。鎖国なんて特殊なことをするのは昔の話だろうと思っていたら、なんとつい最近まで鎖国をしていた国があるのだという。

「禁断の王国」ムスタンである。

ムスタン王国は、ネパールとチベットとの国境にある、チベット人の住むチベット仏教国で、かつては両国の交易ルートとして栄えていたものの、1950年代に起きたチベット動乱のときに、混乱をさけるため鎖国。以降1992年の鎖国開放まで、外国人に閉ざされ続けてきた。

現在は独立国家ではなく、ネパール内の自治区という扱いになっているのだが、いまでも王さまが政治を行っており、さらに外国人の入域は制限されたままである。規定のエリアに入るには、高額な入域許可証が必要だ。

さらに国内のほとんどの場所が、基本的に徒歩か馬でしか移動できない。首都のローマンタンまでは、最寄りの空港から「歩いて」5日かかる。

このように入域許可証が高額なこと、辺境ぶりがすさまじいことからつけられた通称が「禁断の王国」なのだ。

まだ暗さが残る早朝、16人乗りの小さなプロペラ機に乗り込み25分。ポカラから、ムスタン・トレッキングのスタート地点であるジョムソンへと飛んだ。

ムスタンには舗装された道路がないので、荷物の運搬は車ではなく、馬が活躍していた。多くの荷物を載せてゆっくり歩く馬たちと、何度となくすれちがう。

約4時間歩いて、この日は標高2800mのカグベニ村で休み、その翌日、村の隅にあるチェックオフィスに許可証を持って出向く。オフィスにはムスタンに関するさまざまな資料が貼り出されていた。

そのなかには「ムスタンが入域制限されている理由」という紙もあった。「環境が繊細だから」とか「ここにしか生息していない植物があるから」といった理由が並んでいたが、その最後には「チベットの失われし宝が、ここにあるから」と書かれている。

ムスタンに隣接しているチベット自治区は、中国に軍事侵略されたのち、文化大革命という名の弾圧により、約9割の寺や僧院が破壊された。

ムスタンはネパールに所属しながら鎖国政策をとっていたからこそ、それら外部の影響を受けることなく、昔ながらのチベット文化を守ることができたのだ。

いまでも村々にはゴンパ（僧院）があり、その数は全部で28。歴史ある建物が現存しているのだという。どんなゴンパに出合えるのか、たのしみでおっぱいが膨らむ。

ちなみに、となり同士であるムスタン王国とチベット自治区の国境は、物資は通れても、一般人は通れない。ぐぬぬ……あとちょっとであこがれのチベットだというのに入れないのか……。

もちろんムスタンの人々も、ここの国境をまたいでチベット自治区に行くことはできない。それでも家にダライ・ラマ14世の写真を飾ったり、チベット自治区にある代々のダライ・ラマの居城・ポタラ宮のポスターを貼ったりして、祈りを捧げている。彼らにとっても、チベットはあこがれの場所なのだ。

マントラが刻まれた石、マニ石を積み上げて作られたマニ壇もたくさんあり、昔ながらの伝統衣装とチベタンジュエリーを身につけている女性も多く、その美しさに目を引かれる。

ムスタンには「最後のチベット文化圏」といわれる静かな美しさが、いたるところにあふれていた。

5日間歩き続け、標高3950mの最後の峠ロ・ラを越え、首都ローマンタン（3840m）に到着。ローマンタンは別名Walled Cityと呼ばれているだけあって、周囲を壁に囲まれた設計になっている。

宿に荷物を置いて食堂で一息ついていると、おばさまがお茶を注ぎながら「今日は王宮に王子さまがいらっしゃるから、もしかしたらあなたにもお会いになるんじゃないかしら」と教えてくれた。

そんな気軽に謁見できるの？　と驚いたのだが、どうやら本当に王子さまが会ってくださるらしい。まさか我が人生で、リアル王子さまに謁見できる日が来るとは。

ちなみに、数年前までは王さまが謁見に応じておられたのだが、いまは高齢で療養中のため、王子さまがその役割を代わられているのだという。

日が傾きはじめたころ、王宮からの使者が宿まで迎えにきてくれた。なんという待遇のよさであろうか。ただのバックパッカーであるにもかかわらず、まるで国賓のような扱いである。

宿から歩いて2分くらいの距離、街のほぼ中心に、真っ白な王宮があった。真っ白とはいっても、もともとは白かったのだろうなという感じで、いまはところどころ壁の地の色が見えていた。

同時期にローマンタンにいた外国人訪問客8名ほどと一緒に待合室に入り、そのあと応接室へと案内される。

王子さまの姿を、思い浮かべてみる。

上質な生地でできた服、品のあるアクセサリー。そんな「よくある王子さま像」を想像しながら扉をくぐる。

すると、グレーのキャップに、少し作業着っぽいカーキのアウターという、ごくごく普通の服装のおじさまが、部屋の中央で微笑んでいた。

おだやかでやさしい笑顔をたたえた、その人こそがビスタ王子だった。

「よく来てくださいました」と、ひとりひとりに歓迎の言葉とともに、カタ（祝福を表すスカーフ）を首にかけてくれる。

そのあとは全員で車座になっての談笑がはじまった。円形に座ると、誰がえらいとか主役とかではなく、全員が平等に並ぶ。謁見のときにこのスタイルを選んでいるところにも、ムスタンらしさが表れている。

王子さまはみんなからの質問に笑顔で答えながら、ムスタン王国のことをいろいろ教えてくれた。

ロマンタンには八百人ほどが住んでいて、ビスタ王子はみんなの顔を知っていること。冬には仕事がなくなり寒さも厳しいため、出稼ぎなどで人口が半分ほどになること。公務で出かけるときは、車ではなく馬に乗って移動すること。これからは教育にチカラを入れたいこと。高額な入域許可証制度は、いまの王さまの方針であり、いつまで続けるか未定であること。ロマンタンからチベットまでの距離はわずか20㎞なので、チベットとムスタンとの国境を開放できないか、ネパール政府に打診し続けていることなどなど。

どんな質問が来ても表情を曇らせることなく、美しい英語で答えていた。

わたしからは「日本人がお手伝いしている農園、今年の収穫はいかがでしたか」と質問させてもらった。農学者の近藤亨さんが何十年もムスタンで研究を重ね、不毛の大地に豊かな実りをもたらしたことを、行く先々で聞いていたからだ。

「今年もよい収穫が得られて、本当に感謝しています。ムスタンで作物が育つようになったのは近藤さんたちのおかげです。国民全員が、王さま同様に尊敬していますよ」

これほどまでに感謝され、尊敬される生き方もあるのだ。

わたしの生き方はどうだったろう？　自分のためにしか生きてこなかったことが、

とても小さくて、恥ずかしく思えてくる。「人の役に立ちたい」ということが、結局はただの欲でしかなかったとしても、これからは自分の人生でなにができるかを考えなければと、心に誓いを置いた。

謁見の最後に写真を撮ってくださるという。ビスタ王子、ありがたきお心遣い。おそれ多くも、わたしも一緒に撮っていただいた。しかもツーショットである。

さらに、写真を撮るとき王子さまが腰に手をおいてくれた。ああ、なんてジェントルマンな王子さまであろうか……。すっかりムスタン好きになって、わたしは王宮をあとにした。

いつの日か、わたしの王子さまにも、出会えるときが来るのだろうか。
白い馬に、赤いマントに、金の王冠なんていらない。
わたしなんて、すでに何日も同じパンツを穿いているのだから。
あなたがわたしを迎えに来ないのならば、わたしがあなたを探しに行こう。
世界のどこかで生きているはずのあなたを。

ローマンタンへの道のり。高いところに一気に行くのは大変だけど、一歩ずつ歩いていけば、ちゃんとたどり着ける。

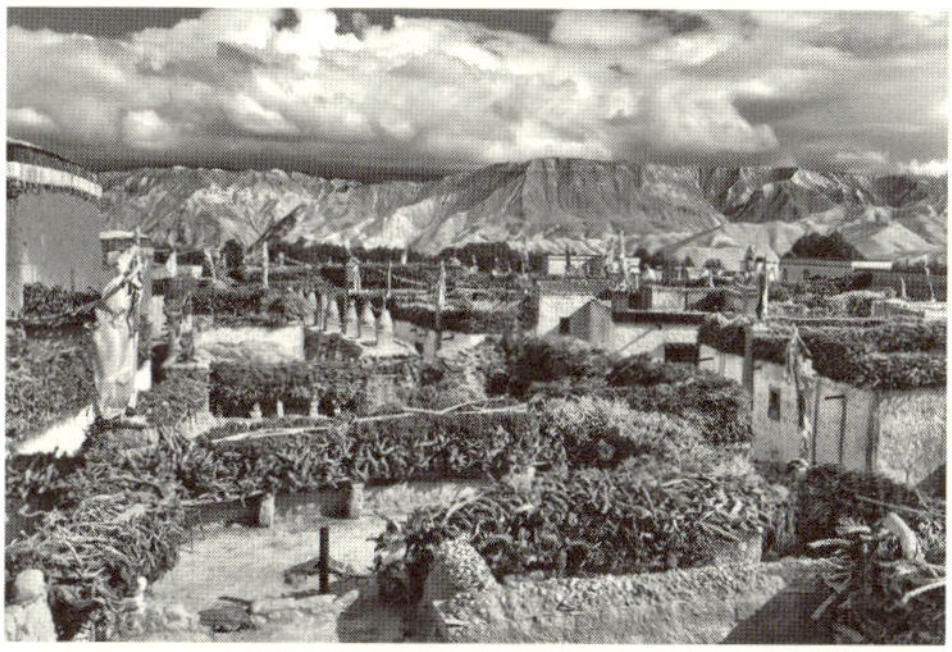

雲が近い、ローマンタンの景色。燃料の薪を、各家庭で蓄えている。

ビスタ王子とのツーショット写真。本物の王子さまにお会いできるなんて……旅って、なにがあるかわからない。

「よく生きる」とは、「人生の成功」とはなにか。（ネパール、ムスタン）

標高が4000m近くだからなのか、雲がすぐそこに感じる。まるで屋根のような高さに、白い雲が浮かんでいるのだ。

ムスタンの首都ローマンタンは、人口800人の小さな街にもかかわらず、歴史あるゴンパが3つある。それらを見学する際、わたしひとりに若い僧が3人もついて丁寧に説明してくれた。たどたどしい英語で一所懸命に案内してくれる姿に、やさしさがあふれている。

彼らに連れられて街を歩いていたとき、ゴンパへ通じる細い路地で、見たことのあるお坊さんが向こうから歩いてきた。昨日、馬に乗って洞窟探検に出かけたとき、道中で偶然出会った僧侶ツェリンだ。

「ゴンパを見に来てくださったのですね。明日は年に一度のお祭り、バーモ・フェスティバルなんですよ。よかったら明日もいらしてください。わたしが案内しますから」

そう言いながら手を握り、熱心にお誘いくださるので、お祭り好きの自分は二つ返事で約束をした。

しかし、日々の無理が祟ったのか、なにかが当たったのか、翌朝から急に体調不良。上下の穴から、ひたすら水分を出しまくりながらの、トイレお百度参りを数時間するハメになった。

よろよろとお祭り会場のチョデゴンパに行ってみると、ツェリンが出迎えてくれ、「開始までもう少しあるので、お茶でもいかがですか」と、僧院に招き入れてくれる。リビングのようなところで椅子をすすめられて座ると、わたしの顔を見て「もしかして、具合があまりよろしくないのですか」と気づいてくれた。鈴木その子さんぐらい、顔が白かったことであろう。

今朝からの症状を伝えると、彼は一杯のお茶を淹れてくれる。ふわりとやさしいかおりで、心まであたたまるような心地よい味わいのお茶だった。

さっきまで「具合わるい、きもちわるい、シンドイ」しか考えられなかったのだが、それらのマイナスな感覚がすうっと引いていくような気がする。ずっしりと重くかたくなっていた内臓が、ぬくもりでほどけていく。ただのお茶だと思って飲んでいたが、まるで魔法にかけられたような気分になった。

はじめての味と感覚だったので、ふしぎに思って聞いてみると、このお茶はムスタンの医師が処方したもので、メディカルハーブ（薬草）を使っているのだという。お茶が入れられていた袋の説明によると、どうやら下痢や胃痛にも効くらしい。すごいぞ、ムスタン医療。ちなみに、ムスタンには西洋医学の医師だけでなくメディカルハーブを使って病気を治療する医師が、現在でも数人いるのだという。

少年僧学校の校長でもあるツェリンは、まわりの僧からとても敬われているようだ。たくさんの僧に挨拶されまくりながら、ツェリンはお祭りがはじまるまでの時間、ゆっくりといろんな話をしてくれた。

欲は尽きないものであること。

たとえば、よりよい異性を追い求める人は、何人の異性をモノにしても、そのきもちには終わりがないこと。それは、愛ではなく、欲でしかないこと。

たとえば、お金がほしい人は、どんなにお金を持つようになっても、もっとほしくなること。際限のない欲に心をうばわれていると、それに気づかず生きてしまうこと。

「ツェリン、お話しはわかりますが……欲をなくすのはむずかしいですよ。出家して修行するわけにもいきませんし」と答えると、ツェリンはやわらかく微笑んで、ひとつのことを教えてくれた。

「では、シンプルな方法をお教えしましょう。

1日2回、『自分の人生』について考えてみてください。

長い時間でなくていいんです。朝起きたときとか、夜寝る前とか、ちょっとの時間で大丈夫です。

『自分にとって、よく生きる』とはなにか。『あなたの本当の成功』とはなにか。

毎日考えてみてください。それだけです」

ツェリンの発するおだやかな言葉は、まっすぐに入ってくる。

話しているうちにわたしの苦しみの原因を理解したらしいツェリンは、それを解き明かそうとしてくれたのだろう。わかりやすい言葉を選び、伝わるまで何度も根気づよく話してくれた。

乾いてひび割れたきもちに、やさしい言葉が降り注ぐ。潤ったきもちが涙となって出てしまいそうで、それをずっとこらえていた。きっと、涙目になっていただろうから、気づかれていたかもしれないけれど。

「自分の人生について、考えてみましょう」

いままで自分の人生を本気で考えたことなどなかった。自分でも驚くほどに、真剣には考えていなかったのだ。

「よく生きる」とか「人生の成功」とか、そんなものを持たなくても、30年を生きてこられたのも事実だが、それゆえに行き詰まってしまったのも事実だろう。

世間でいう「幸せになれそうなミッション」をひとつずつこなしてきたが、その先で待っていたのは、残念ながら自分が心から望む幸せではなかった。

そもそも自分の望む幸せとはなんだったのか。

生きる指針を、自分のなかに持ち合わせていないのだから、進む先に迷うのは当たり前のことだった。

目的地がわからないのに、そこに行けるわけがないだろう。

わたしはどこに向かって生きていきたいのか。それを考えるのはいまからでも遅くないと、ツェリンは教えてくれた。

この日を境に、わたしは自分の人生の行き先を思うようになった。

ローマンタンから馬で行けるJhong Cave。約2500年前に人が住んでいたという洞窟。小さな穴が空いているのは見張り用の窓でもある。

ローマンタンで行われたバーモ・フェスティバルでの一コマ。人間のわるい部分を表現している彼が、縦横無尽に広場を駆け回る。

ツェリンの教え子の少年僧たち。礼儀正しくて、親切で、見習いたいところがいっぱい。

聖地カイラス山コルラで、天空の曼荼羅に出会う。(チベット、カイラス)

ネット環境のないムスタン王国からカトマンズに戻ってきたわたしに、現地の旅行会社から驚きのメールが着弾していた。

内容はカイラスへのプライベートツアーの旅程だったのだが、わたしがオーダーしていた「聖地カイラス山の巡礼」が含まれていなかったのだ。コルラはせずに、ただカイラス山の麓に「行くだけ」の見学ツアー。話がちがう。

カイラス山は仏教だけでなく、ヒンドゥー教やボン教、ジャイナ教らの聖地として知られている。聖地だらけのカイラスエリアにおいて、まさに総本山というべき山なのだ。

このカイラス山の周囲約52㎞を歩いて一周する巡礼は「コルラ」と呼ばれており、これを成し遂げれば、現世の罪が浄化されるといわれている。

もし信者たち向けに、書籍「死ぬまでに行きたい世界の聖地」が出版されれば、必ずやランキング上位になるであろう巡礼地だ。

コルラしなきゃ意味がない。ただカイラスに行くだけなんて納得できないと、コルラが可能な旅程を自分で作り、それを持って旅行会社に乗り込んで交渉してみる。それでも旅行会社は、何度お願いしても「中国がダメって言ってるからダメ」の一点張り。なんでチベット行くのに中国の許可がいるんだよ。

宿に戻って途方に暮れていた自分の目の端で、ゴキブリがちょろちょろと動く。ふだんは無視するのだが、やるせない苛立ちが募るあまり、丸めた新聞紙でぶっ叩いてしまった。ごめん、ゴキブリ。

押し問答を続けるばかりで、なにも解決できないまま迎えた出発日の朝。

カイラス山のコルラを一緒にすべく、日本から駆けつけてくれた友人のミサと合流し、車に乗り込む。のどかな田園風景を進んで4時間。ネパールの国境コダリに到着した。

ここまで同行したネパール人ガイドとは、ここでお別れ。彼に代わってわれわれを迎えてくれたのは、芯の強そうな顔立ちの青年チベット人ガイド、ノルブだった。入国審査の前に、荷物検査を受けなくてはいけない。係官から無愛想に「写真、本、旗は持っているか」と聞かれる。この意味するところは「ダライ・ラマ14世の写真、彼の写真が掲載されている本、フリーチベットのような旗があるなら出せ。没収する」である。

ネパールの旅行会社から、事前に「ガイドブックのほか、僧侶の写真などは問題になるから持ち込まないでほしい。公共の場でダライ・ラマの話もしないでくれ」と言われていたので「こういうことか……」と察した。

中国では「ダライ・ラマ14世は、中国と世界を混乱に陥れる悪人」ということにされている。そのため、中国チベット自治区にいるチベット人たちは、チベット仏教徒なのに、その最高指導者ダライ・ラマ法王の写真を所持することを許されていない。中国政府が禁止しているからだ。法王の話を公の場ですることもできない。「フリーチベット！」なんて大声で叫ぼうものなら即、公安に連れていかれるのだという。なんたる不条理。それがいまのチベットの現実である。

わたしは怪しまれたらしく、荷物をひっくり返して隅々までチェックされたが、なんとか無事に通過。

ついに来た。チベットだ。

国境の街ダムは、雨が降っていた。旅行者はこの街の役所で登録作業をしなくてはならないのだが、まだ受付時間ではないらしい。

時間があるので、昼食を食べながら待つことになった。ノルブに連れられ、レストランへ。ノルブが旅程表を持ってきて、ミーティングがはじまった。

彼が持っている旅程表は、ネパールの旅行会社が送ってきたものと同じだ。もちろん、わたしたちが切望しているコルラは盛り込まれていない。

ノルブは快適な旅になるように慮って話をしてくれた。きっと彼は賢く思いやりのある人にちがいない。まだ出会って数時間だったが、彼の所作からわたしとミサはそう感じていた。

彼に賭けてみたい。ノルブが席を外しているあいだに、われわれは作戦を練っていたのだ。

ミサが切り出す。「その旅程表、お願いしていたのとちがうわ。わたしたちはカイラス山をコルラする予定なのよ」

わたしはスマホを取り出して、メール画面を見せる。出発前に自分でコルラ可能な旅程を作って、旅行会社と交渉したときのものだ。「このメールを見てよ。ちゃんと事前にコルラが可能な旅程でお願いしていたんだよ」

画面をジッと見て、ノルブは難しい顔をした。

「ぼくが会社からオーダーされたのは、いま持ってる旅程表なんだ。コルラの予定は聞いていないいし、それは不可能だよ」と、首を横に振った。そして書類の束を取り出し、わたしたちの前にドサリと置く。

「いまチベットを旅行するには、こういう地区ごとの許可証が必要なんだ。コルラの出発地点に行くまでの許可証はあるけど、コルラをするには別の許可証が必要なんだ。いまからでは申請できない……」

中国が支配をすすめる前のチベットは、旅をするのに許可証などいらなかった。

昔とは状況がちがう。それはわかっていたが、諦められなかった。

「コルラはずっと夢だった。本当に行きたいんだよ」と、ふたりで輪唱するかのように懇願する。

ノルブはしばらくのあいだ、わたしたちの話をむずかしい顔をして聞いていたが、決して嫌な顔、面倒くさい顔はしなかった。だからこそ、わかってもらえるのではないかと思ったのだ。

しばらく経って、彼が口を開いた。

「わかった。旅程を変更して、きみたちがコルラできるようにしよう。でも、ぼくはガイドとして一緒には行けないから、きみたちがコルラしてるあいだは、出発の街タルツェンで待ってるよ。許可証ナシで行動しているのが見つかったら、問題が起こる。わかるね？　このことはぼくたちだけの秘密だ。誰にも話しちゃいけないよ。これから先も、決して人前でこの話はしないでほしい。見た目がチベット人であっても公安のスパイってことがあるから、くれぐれも気をつけて」

真剣な顔でそう言ったが「さぁ行こう」と立ち上がったとき、彼は笑ってくれていた。ありがとう、ノルブ。

聖地カイラス山のコルラは、長年の夢だった。そして、長年の夢であるということに加えて、さらに諦められない理由が、この旅でできた。

南インドのゴアで出会い、ともに北インドを旅した友人ケルサン。彼はインドのチベット難民地区で生まれた、在印チベタン3世だ。

「このインドのあとは、チベットに行こうと思ってるんだ」と話したとき、彼はジョイントを巻く手を止め、真剣な顔でこう言った。

「インドに亡命した祖母は、病気で死にそうになったとき、最期をチベットで迎えたいと願ったんだ。母とオレは、その願いを叶えてやりたかった。だから中国に祖母がチベットに帰れるように訴えたんだ。何度も何度も。でも、無理だった。祖母は二度とチベットの地を踏むことなく、死んでいったよ。母もオレも、このままチベットに帰れることはないだろう。だからオレたちの分まで、チベットを見てきてくれよな」

ムスタンの首都ローマンタンで、つらさを解いてくれた僧侶、ツェリン先生。先生はインドに生まれ、ダラムサラで学び、ネパールのムスタンにやってきたチベタンだ。

「わたしのようなチベット仏教の僧は、決してチベットには入れないのです。中国政府が許さないのですよ。あの山が見えますか？　あの山を越えればそこはもうチベットです。たった20㎞の距離。聖地カイラスも、とても近いはずなのに……わたしがたどり着けることはないでしょう。あなたがわたしたちの想いとともに、カイラスを巡礼してきてくれるとうれしいです。どうか、お気をつけて」

チベット仏教圏を旅して、たくさんのチベタンと出会うことで、自分のなかでチベットへの想いも、少しずつ変わっていった。

中国政府の許可は取れなかったので、許可証ナシでのコルラ強行を決意するほかなかった。もし公安に見つかったら罰金に加え、許可証を持っているエリア、もしくは国外まで強制退去だという。

そのくらいですむのなら、たいした問題ではないのだが……マズいことになるのはノルブだろう。ガイドは旅行者の監視役を兼ねているので、許可証ナシでコルラさせているのがバレると職を失い、最悪の場合は逮捕だという。

コルラ出発の街タルチェンまできて、スタート直前にこのことを教えられ、われわれは無理難題を押し付けてしまったことを猛省した。

しかし、彼は「いいんだよ、それでいいと決めたんだから。ぼくのことは気にしないで、コルラをしてきてくれ。チベット人として、これはうれしいことなんだよ」と微笑んでくれる。

ガイドがいないと、道のわかる人がいなくて大変だろうと、ノルブはチベタンのポーターを手配してくれたうえ、ほかのグループのガイドに「こういう事情なんで、この人たちをよろしく」と頼んでまわっていた。

標高4675mのタルチェンで迎えた、コルラ出発の朝。ミサと、ポーターのモモくん、わたしの三人編成で歩き出す。

全長約52㎞のカイラス山コルラは、標高4675～5660m。ちなみに富士山の山頂は3776mなので、かなりの高地を歩き続けることになる。チベットの体力ある若者ならば、1日で1周できる人もいるらしいが、われわれ日本人は低地育ちなので、通常3日はかかる道のりだ。

コルラをすると「現世の罪が浄化される」と言われているのだが、実はそれ以外にも「願いごとを唱えながら行うと、それが叶う」という言い伝えもあるのだ。さすが、桁違いの聖地である。

ロシアで出会った友人も、コルラのご利益を熱心に語ってくれた。

「人生をともに歩めるパートナーと出会いたい、と願ったら……本当に引き合わせてもらえたの！　だから、あなたにもおすすめよ！」

そんなわけで、わたしもコルラをするときには、必ず願いごとを唱えながらすると決めていた。何を願いながら歩いたかは、後ほどお伝えすることにする。

初日は約7時間歩いて、宿に到着。宿はプレハブ小屋にベッドを置いただけの質素なつくりではあったが、窓からカイラス北面が望めるすばらしい位置に建っていた。

日が傾いていくのとともに、カイラスの表情も変わっていく。

はじめは小屋のすぐそばの岩に腰掛け、お湯を注いだカップで手をあたためながら、ただ静かにカイラスを眺めていた。

それなのに、なぜだか急に、もっと近くでカイラスを感じたい衝動にかられ、疲れているカラダなんてお構いなしに、飲みかけのコップを置き去りに、斜面を駆け上がっていた。(この奇行を部屋で休みながら見ていたミサは、なにが起きたのかと心配していたらしい。すまない)

夕陽が沈む間際、全力で駆け上がり、汗をかき、息を切らし圧倒されながら拝んだカイラス。

「天空の曼荼羅」そう呼ばれ続ける、聖なる山。

あまりにも圧倒的なその雄大さが、全身の感覚を変えていく。

すべてがギリギリの状態で、足を踏ん張りながら1枚だけシャッターを切った。

わけもわからず、ただ目から水滴が出て、止まらなかった。

標高５２１０ｍで迎えた翌朝。

十月後半のカイラスは寒い。あたたかいお湯を飲んで、寝起きのカラダをあたためようとカップを手にしたら……カップの飲み残しが、完全に凍っている。

外に出ると、川が凍りついて、ツルツルに固まり、別の素材になっていた。

カイラス北面が、朝日で輝くのを拝んで出発。

今日はコルラ最大の難所、５６６０ｍの峠ドルマ・ラ越えが待っている。不安もあるが、ついに行けるのだという興奮が勝っていた。

凍る川。白さが残る道。雪に太陽があたって、道が光って見える。

こっちにおいでと誘われるように、行く先が輝きを放ち、道しるべができていく。

ドルマ・ラに向けて歩を進める。

我が人生における最高高度は、インド・ザンスカールでのヒマラヤ縦断トレッキングでの５０７０ｍの峠シンゴ・ラ越えである。あのときは本当につらくてつらくて、どうしてこんなことをやっているのかと泣くくらいのシンドさだった。

そのため、今回のコルラ、特にドルマ・ラ越えはどれだけ大変なのだろうかと、恐怖が渦巻いていた。

それなのに実際に峠を登りはじめてみると……つらい、悲しい、しんどい。そんなことばが意味を失うがごとく、急速に、なんの疲れも、痛みも、そしてあらゆる感覚もなくなっていった。

なんでだろう？　と疑問に思う意識とは裏腹に、足は止まることがなく、まるで引っ張られているかのように、どんどん自分のカラダが上に、上にと登っていく。

ふしぎな感覚に包まれたまま、一度も休むことなく、わたしはその地にたどり着いた。

カイラスで、最も天に近い場所、ドルマ・ラ。

おびただしい数のタルチョ。見渡す限りに埋め尽くされた、祈りの旗。なにもかもが汚れなく、透き通った空間。

まるで現実感がない。

休みなく登ってきたのに、疲労感を感じることもない。

この世とは思えない空間。自分は、ただそこに在ることしかできなかった。

呆然と立ち尽くしていると、ふとバッグの中身を思い出す。「ルンタ」と呼ばれる馬の絵が描かれた5㎝四方の紙の束だ。風にのせてルンタをバラまくと、ルンタに描かれた馬が、その祈りを遠くまで届けてくれるといわれている。

百枚はあろうかというルンタを両手にのせて空に掲げ、風を待つ。

「神に勝利を」という意味のチベット語「キキソソラギャロ」。

その言葉を思い出したようにつぶやいたとき、ドルマ・ラに、風が吹いた。

まるで魔法のように、ルンタはバラバラと音を立てて、真っ青な空に舞い、そして散っていった。

ドルマ・ラ以上に現実離れした場所を、わたしは知らない。いまでも「もしかしたら夢か妄想なのでは」と思うのだが、写真は残っているので、やはり現実だったらしい。

この日は7時間半ほど歩いて、宿に到着。

ドルマ・ラで受けた圧倒的な衝撃から、まだ自分のきもちが戻ってこられていないような気がした。疲れも痛みも感じなかったドルマ・ラのころとは打って変わって、宿に着いた途端、どんどんカラダが重くなってくる。

右足が刺すように痛いので靴を脱いでみると、いつのまにか親指の爪が剝がれかけていた。


まだ薄暗く、音のない朝。

時計のうえでは7時だが、体感時間はまだ早朝5時くらいだ。チベットで時間がズレて感じるのは、中国の北京と同じ時刻に設定されているからである。

10月のカイラスは寒い。動き回っていないと、自分もそのへんの小川と同じように、ガッチリ凍ってしまいそうだ。ダウンジャケットを着て、フリース帽をかぶり、大判のストールで鼻まで覆い、手袋をして外に出る。

右手のステッキで歩きに勢いをつけながら、左手に握ったムスタンの数珠108個を指でたぐりながら歩く。

終わってしまうのが惜しいくらい、コルラはすばらしい時間だった。この道を歩いていることが、うれしくて仕方なかった。

不毛の大地を鮮やかに彩るタルチョを見ると、心が落ち着く。ここには平和と幸せを願う人が、たくさんいるのだ。

長い間、焦がれ続けてきた場所にたどり着けたこと。そして、それは自分ひとりでは決して成し得なかったことに、何度も感謝を繰り返しながら歩いた。

チベット語がほとんど通じないわたしたちを、精一杯世話してくれたモモくん。許可証ナシでコルラすることを許してくれたノルブ。二名以上でないと入域許可証が取れないとわかったとき、一緒にチベットに行くと決断してくれたミサ。長旅に出たいというワガママを受け入れてくれた仕事仲間。いつも旅の安全を願っていてくれる家族、友だち。

わたしは、すでに、すべてを持っていて、幸せだったのだ。

こんなにも遠くに来るまでわからなかった。言葉のうえでは「きっと自分は恵まれている、きっと自分は幸せなハズだ」と思っていたが、それでも何かが足りないと思い続けてきた。

足りないのは、外の何かではなく、「自分」だったのだ。

コルラをしながら誓ったこと、それは「これからはたいせつなものを、たいせつにして生きていく」。

旅立ち前に失恋したとき「きもちを祖末にされた」と悲しんでいたが、これは自分がいままで他人にしてきたことが返ってきたのだと、あとになって気がついた。元恋人がわたしにしたことは、おそろしいまでに、かつての自分が過去の恋人たちにしてきたことと、同じだったのだ。

だからこそ、もう人のきもちを祖末にして生きるようなことはやめようと誓った。もし次にたいせつな人に出会うことができたら、今度はうんとたいせつにしようと心に決める。

カイラス山には、「たいせつなものを守れるように、もっとやさしく、強くなれるように見守ってほしい」と願った。

ふらふらとさまよっていた心が、誓いの碇を下ろしたことで地に足がつくようになり、大地をつかんで踏ん張れるような、そんな力強い感覚に満たされる。

コルラの最後、後ろを振り返る。

カイラスは、否定も肯定もせず、ただ強く、そこにあり続けていた。

カイラス山の巡礼路で出会って、一緒にごはんを食べたチベタン一家。おばあさんなのに、歩く速度はわれわれとほぼ同じ。左から二番目はモモくん。

5668mのドルマ・ラ。おびただしい数のタルチョが、一面を埋め尽くす。圧巻の景色。

ドルマ・ラの先にある、凍った湖ヨクモ・ツォ。理想郷シャンバラへワープできるといわれている。

歴史は作られている。自分の感じたことだけが、真実。
（チベット、カイラス）

チベット
カイラス

わたしたちがコルラから戻るのを、ノルブとドライバーのダワおじさんは、車のエンジンをかけて待っていてくれた。一刻も早くネパールに向けて出発しなくては、許可証の期間が切れて、出国するときに問題が起きてしまう。

3日間ポーターとして活躍してくれたモモくんが、窓に張り付くようにして見送ってくれた。

モモくんは、わたしたちが寒くないようにと、いつも宿でせっせとお湯を運んで部屋まで持ってきてくれた。わたしがズカズカと先を歩いていると「ミサがまだ来ていないから待っていようよ」と気を配ってくれた。ドルマ・ラでは、いつまでも移動しようとしないわたしたちを見て「寒いから早く下山しようよ」と、ちょっと不機嫌になっていた。

寝坊しちゃった最終日には、お詫びのつもりか、おつかれさまの意味かわからないけれど、最後の商店でコーラをごちそうしてくれた。あのぬるいコーラの甘ったるさと、シュワシュワと静かに騒いでは消えていく炭酸が、疲れたカラダにきもちよかった。

ことばは通じなかったけど、人間味あふれるモモくんの、はにかんだ笑顔が好きだった。

8時間ほど走って、サガの街まで戻ってきた。4人そろってチベット料理屋へ行き、ラサビールで無事にコルラを終えられた祝杯をあげる。

店には、パンチェン・ラマ10世の写真が飾られていた。パンチェン・ラマは、チベット仏教徒にとって、ダライ・ラマに次いで重要な人物。

現在のチベットでは、ダライ・ラマ14世の写真を飾ることは禁止されているが、中国で人民代表委員の地位にもついていたパンチェン・ラマ10世の写真は、いまでも堂々と掲げることができるのだ。

すでにパンチェン・ラマ10世は亡くなっており、いまは11世が存在しているのだが、この11世をめぐって大変な事態が巻き起こってしまっている。

ダライ・ラマは観音菩薩、パンチェン・ラマは阿弥陀如来の化身とされ、何度でもこの世の人間を救うために転生して現れるものとされている。

パンチェン・ラマ10世が亡くなったあと、転生してこの世に生まれた新たな11世を、ダライ・ラマと中国政府の双方が、それぞれ探していた。

中国政府から11世探しを命じられていた高僧は、逐一その情報をインドに亡命したダライ・ラマ14世に流していた。チベット仏教の最高指導者ダライ・ラマの認定なくしては、11世を決めることはできないという理由からだった。

しかし、中国政府よりも先に、ダライ・ラマ側が「このニマ少年がパンチェン・ラマ11世だ」と11世を認定する声明を出したことで、中国は大激怒。

そこで中国政府が何をしたのかというと、ダライ・ラマに認められたニマ少年を誘拐。さらにまったくの別人であるノルブ少年を、正しいパンチェン・ラマ11世として即位させるという、非道の荒技を繰り出したのだ。

当初、ニマ少年とその家族が行方不明になり騒動となったとき、中国政府は「知らん」と言っていたものの、その後、発言を覆し「チベット亡命政府にニマ少年が誘拐されないように保護しただけ」と、彼を連れ去ったことを認めた。

ニマ少年はいまでも北京に収監されているらしいのだが、こういうのって保護ではなく、誘拐・監禁というのではなかろうか。

チベット文化圏を旅していると「パンチェン・ラマ11世、ニマ少年を救え」と書かれたステッカーやチラシを何度も見かける。その話をすると、料理屋のお母さんは「仕方ないのよ」と力なく答えるだけだった。

チベタンばかりが穏やかに食事をたのしんでいた空間に、中国人の若者4人組がドカドカと入店してきてぶっきらぼうな声で注文をし、ビールを飲み、ゴミを散らかしながら大騒ぎをしはじめた。

仕方ないのかもしれない。でも、やるせないきもちは消せなかった。

翌日も名ドライバー、ダワおじさんのドライビングテクニックで、安全運転ながらもギュンギュンとネパールに向かって突き進む。

往路では、積雪のため3泊4日の滞在を余儀なくされた街、ニャラムも通過。この街には、巨大なふたつの建物があるのだが、そのどちらもが学校だった。

チベタンも中国人と一緒に教育を受けることになっている。しかし、その教育がまた中国側に都合のいいようになっているのだと、チベタンたちは口を揃える。

チベット文字は、7世紀にインドの仏教経典を忠実に翻訳するために生まれたものなのだが、学校では「チベット文字の起源は中国にある」と教えている。

中国は1950年以降、チベットへ軍事侵攻して虐殺や文化破壊などを行ったのだが、そのことも「チベットは貧しかったので、中国が援助のために向かった」ことにされている。

「未開のチベットを助け、発展させたすばらしい国。それが中国だ」

チベタンの子どもは、祖父母から「実際に起こったこと」を教えられているものの、中国にいる限り、マスコミから、学校から、そして政府からこれらのことを、さも正しいかのように延々と繰り返し聞かされる。こんな環境で育った彼らの将来は、どうなっていくのだろう。

中国経済に取り込まれたチベットは、この数年で経済的に大きく成長した。それは間違いのないことだ。しかし、この成長で、誰が幸せになったのか。

心の拠り所だったゴンパは破壊され、指導層だった僧たちは続々と亡命し、残った僧は焼身自殺で抗議する者が後を絶たない。

辺境の地にも広い道路が通り、街は中国人の店であふれ、子どもたちは中国政府に都合のいい情報に囲まれて育っていく。

立場が変われば、正義も変わる。

中国側の言い分を聞けば、こんな所業も納得できるのだろうか。

ノルブは3歳のときに、こっそりヒマラヤを越えて、インドのダラムサラの学校へ行き、その後オーストラリアの大学へ進んだのちにチベットへ帰ってきたという、珍しい経歴の持ち主だった。

「ぼくたちの願いは、チベットを世界に知ってもらうことだ。いまのチベットの姿は、あまりに外に知られていない。ダライ・ラマ法王は『歴史はつくられている。だからそれを信じてはいけない。自分で見たもの、感じたものを信じなさい』と言った。きみたちがチベットで見たもの、感じたものこそが真実なんだ。だから、それを少しでもほかのみんなに伝えてほしい。それが、ぼくたちチベット人の願いなんだよ」

ノルブはこっそり外国で教育を受けたことがバレたらしく、公安から「次に国外へ出たら、二度とチベットには戻れないぞ」と警告され、監視されている。

「母がチベットの首都ラサに住んでいるからね。しばらくはチベットにいるよ。将来は通訳かＮＧＯ職員になって、チベットと世界をつなげる仕事をするつもりなんだ」

いまガイドという仕事をしているのも、チベットの現状を外国人旅行者に伝えたいからだという。

大きな流れが変えられないからといって、なにもしないなんて、できない。

揺るがない意志を、彼の目から窺い知ることができた。彼に出会えたことは、幸運だった。ガイドとして引き合わされたのがノルブでなければ、きっとカイラス山コルラはできなかったし、これほど収穫の多い旅にはならなかった。

自分の言葉でどこまで伝えられるのかはわからないけれど、精一杯いまのチベットを伝えるからと約束すると、彼はチベットの空と同じように澄んだ瞳で「ありがとう」と笑ってくれる。

そして「ぼくはね、チベットを終わらせたくないんだ」と、まっすぐに言った。「取り戻す」ではなく、「終わらせたくない」のだと。

約7時間で国境に着いた。橋を渡れば、そこはネパールだ。

「きみたちのこれからの旅、そして人生がすばらしいものになるよう祈っているよ」

「わたしたちも、チベットの幸せを心から願っているよ。どうかお元気で」

そう言って握手したノルブの手は、大きくて力強く、そしてとてもあたたかかった。

マントラ（真言）の刻まれた骨や石でできているマニ壇。チベット文化圏でよく見かけるもので、カイラスにもたくさんある。

コルラ最終日。ただひたすら歩く時間は、祈りにも、瞑想にもなる。

チベタンの家やお店に必ずある一角。ムスタンとちがい、ダライラマ法王やポタラ宮の写真は掲げられない。

わたしが好きになった、キベラスラムの話をちょっとだけ。（ケニア、ナイロビ）

ケニア
ナイロビ

ナイロビの西側にあるスラム街・キベラは、広さがおよそ２．３平方㎞。

これは皇居＋皇居外苑の面積とほぼ同じで、東京都品川区の10分の１ほどにあたる。ちなみに巨大オフィス街・品川の昼間の人口は54万人だ。

一方キベラの人口は、１００万人とも１２０万人とも、２００万人ともいわれている。こんなにも幅があるは、調べようがないから。

なかなかピンとこないかもしれないが、仙台市の人口が１０８万人、広島市は１１９万人、さいたま市が１２９万人。つまり、これほどの数の人間が、皇居＋皇居外苑の面積に全員住んでいると思ってもらえばいい。相当な人口密度なのはおわかりいただけるだろう。

殺人、強盗、レイプ、虐待が日常茶飯事だと聞いていたが、実際にキベラを歩いてみると、悲惨な空気は微塵も感じられない。そういう雰囲気は、路地裏や家のなかで息をひそめているのだろう。

外にいる住民たちは、誰もがあっけらかんとしている。東京にいる人々よりも、よっぽど明るいし、よく笑う。

スラムには高い建物がないので、空が広い。ピーカンの青空に、どこからか聞こえる陽気な音楽、大きな笑い声。

子どもたちは外国人がめずらしいのか、ひたすら「ハロー」を繰り返してついてくる。歩いているうちに、いつのまにか人数が増えて「ハロー」の大合唱が始まる。

道は舗装されておらず、土がむき出しになっていて、どこもかしこもビニール袋が大量に落ちている。

これは「フライング・トイレット」と呼ばれるものだ。スラムなので、家にトイレはない。有料のトイレはあるが、圧倒的に数が足りていないし、用を足すたびにお金がかかるのはつらい。なので、スラム住民はビニール袋のなかに用を足して、その袋を家の外に投げる。だから、フライング・トイレット。

道行く人に踏まれて袋が破けるので、道は汚物だらけ。それでも覚悟していたほどの悪臭はない。そりゃ少しは臭うけど。

キベラは人が多いせいもあるが、とにかく賑やかだった。道の左右にびっしり並ぶバラック商店街にも活気がある。

肉屋は塊を大胆に切り分け、床屋にはオシャレにいそしむ客がおり、揚げパン屋は小気味いい音を出しながらフライをし、野菜売りは地面に青々とした菜っ葉を並べ、溶接工は道ばたで火花を散らして何かを作っている。

見たこともない草木を、煎じて売っている薬草屋もあった。ドクターアジュオガと名乗る店主の男性は、昼間だというのにすでに酔っぱらっている。目はうつろで千鳥足ながらも、いちおう仕事をする気はあったらしく、遠目に見学していたわたしにも、なにか作ってやろうと言い出した。

特に健康上の問題はなかったので、なにをお願いしようかと思っていると、ドクターは「惚れ薬もあるぞ」とニヤリと笑う。

いつかまた誰かを好きになれたら試してみたいと思い、それをいただくことにする。

なにか薬草を調合してくれるのかと期待していたが、彼は駄菓子屋によくある「よっちゃんイカ」の容器に似たプラスチックボトルから、数本の短い枝を取り出して、それを紙でぐるぐると包んで、手渡してきた。

ドクターの説明はこうだ。惚れさせたい相手と会う日には、朝起きてからこの枝を奥歯で噛み締めたまま、誰とも会話しないまますごす。そして、最初の一言をお目当ての相手と交わせば、たちまち夢中になって恋がはじまる。

酩酊している店主の言うことは疑わしいが、話しているあいだにも彼のつくる風邪薬をわざわざ買いにくる人もいたので、あながちヤブでもないのかもしれない。効果も検証したいし、なにより好きなひとに惚れてもらえる確率を少しでもアップさせたいので、１００シリング（約１１０円）で惚れ薬（小枝）を買った。

早く愛すべき人と出会って、この枝を奥歯で噛み締めたい。けど相手はいない。どこにいる。地球のどこかに存在しているなら早く会わせてくれ。

こんな感じで、キベラの雑踏を数分歩いた先にあるのが、マゴソスクールだ。スラムに暮らす子どもたちのうち、特に環境の悪い子のためにつくられた、駆け込み寺のような学校である。

設立したのはキベラに住む女性、リリアン。9人の弟妹と11人の異母弟妹の長女だった彼女は、早くに両親を亡くしてから残りの弟妹の面倒を見なくてはならなくなった。工事現場に頼み込んで仕事を得たり、草花を摘んで街で売り歩いたりしながら20人の弟妹たちを育てあげたのだ。

そして1999年、同じように親を亡くした子どもたちの拠り所になるような場所をつくりたいと、小さな寺子屋をはじめたのがマゴソのはじまり。

最初は自分の弟妹と、近所にいる十数人の子どもの世話をしていたのだが、彼女の活動を聞きつけて多くの人が集まるようになる。

貧困児童、孤児、虐待被害、浮浪児などの救いの場として、いまではマゴソは生徒600人を抱える大所帯となった。

リリアンは「ビッグママ」と呼ばれている。困難に負けず、これまで数千人の子どもに教育の機会をつくりつづけてきた。この数千人の母なる人物、まさにビッグママなのだ。

会うたびに、別れるたびに、毎回ハグしてくれる大きなカラダからは、いつも愛が伝わってくる。絶望から希望をつくりだす、彼女の強くてやさしい力。

そんなビッグママ・リリアンの運営するマゴソスクールでは、日本でいう幼稚園から中学校2年生までの年齢の子どもたちが学んでいる。

驚くことに学力テストの点数は、スラム外の学校よりもマゴソのほうが上なのだという。毎年、音楽の全国大会にも出場して、多くの部門で優勝するなど、全国でも有数の優秀校のひとつが、スラムのなかにあるのだ。

それゆえマゴソに入学したい子どもたちは山ほどいる。しかし、彼女は彼らひとりひとりと面談をして、マゴソでなければ救済できないのかどうかを判断して入学許可を出すようにしていた。

マゴソには大なり小なり、困難を抱えている子どもしかいない。母親が売春婦だったり、父親から虐待されたり、親に捨てられたり、HIVに感染していたり、引き取られた先で強制労働をさせられていたり。

しかし、驚くことにマゴソで出会う生徒も卒業生も、ニコニコと屈託のない笑顔を浮かべている子がほとんどだ。その笑顔にいたるまでのストーリーが、本当に彼らのものなのかと疑いたくなるほどに、彼らはよく学び、よく遊び、よく笑っていた。

リリアンのもとには、毎日さまざまな問題が降ってくる。失踪、強盗、火事、洪水……それでも、どんなにつらい状況でも、魔法の言葉「わたしは大丈夫」を唱えるとチカラが湧いてくるのだという。

「わたしが幸せなとき、世界の誰かも幸せなように。わたしがつらいとき、世界でつらいのはわたしだけじゃないのよ。だからわたしは独りじゃない。だから、わたしは大丈夫。だって世界はつながっているんだもの。わたしは大丈夫」

リリアンはビッグママとなったいまでも、昔と変わらずマゴソ校内で寝起きしながら子どもたちの世話をしている。部屋にお邪魔させてもらったことがあるが、キベラのほかの家々と同じように、こぢんまりとしていてシンプルで、余計なモノは何もなかった。

彼女は人生をかけて、救いをもとめてやってくる子どもたちのために働いているのだ。

ここにいる誰もが、精一杯いまある命を生きている。それがまぶしかった。

小さな子どもたちが順番に並んで給食をもらったり、年長が年少を手助けしたり、モノを分け合ったり、短いクレヨンで熱心に絵を描いたり、道具がなくても創意工夫をして遊びを生み出したりする姿を日々見ていると、心が鮮やかな暖色に染められていくような感覚があった。

困難な状況で生まれ育っているからと諦めるのではなく、それを受け入れて、いかにして希望を生み出すのか、どう生き抜いていくのか。

恵まれている人々、ちがう立場の人々を羨んだり、憎んだりするのではなく、自分自身がどのように日々を生きていくかが重要なのだと、彼らは教えてくれた。

ちなみに、惚れ薬のことをケニア在住25年の友人・千晶さんに話したら「あれ？　わたしのときは粉をすりつぶして調合してくれたわよ。ドクターが酔っ払ってたから適当なものを出したのかしら、あはは」と笑われた。

どうやら、ただの小枝を１１０円も出して買ってしまったらしい。

しかし、もしかしたらわたしにはこの小枝が効くのかもしれない。

いつか来るその日まで、この惚れ薬はたいせつにとっておくことにする。

小高い丘から見たキベラ。ずっと向こうまで、建物がひしめきあっている。

マゴソスクールの入り口。このときは、銃を装備した警官に護衛を依頼した。気軽な気持ちで、物見遊山に来るのは非常に危険。

薬を調合するドクターアジュオガ。酔っ払いだが、日本で買うと高値の薬草も揃えているので、あなどれない。

「20年後はなにしていたい？」に返ってきた意外な答え。（ケニア、ナイロビ）

2日に1回はキベラに通う生活を続けていた。完全にキベラにハマっていたと言っても過言ではない。

最初のうちは、マゴソスクールの運営をしている友人の千晶さんに連れて行ってもらっていたが、お忙しい方なので頻繁にはお誘いできない。わたしは徐々にひとりでキベラに行くようになっていった。

とはいえ、丸腰のアジア人がひとりで歩いていると、事件に遭うのは時間の問題なので、キベラに行くときには毎回最寄りのバス停まで、キベラ住民の友だちに迎えに来てもらうことにしていた。

ケニアには大型のバスのほか、マタツと呼ばれるミニバスが数多く走っている。

街を網の目のように走るマタツを乗りこなせば、好きなところに行くことができた。マタツは市民の足なので、料金も安い。ある程度の人数が集まるまで出発しないので、かなりの時間を待たされることもあったが、先客たちとおしゃべりしながら、のんびり待つのもいい時間だった。

キベラのなかを走るマタツもあるので、それに乗れば目的地までほとんど路上を歩かなくてすむ。なにしろ、襲われる可能性が高いのは歩いているときだと聞いていたので、極力ひとりで歩くのは避けていた。

現地の友人が一緒であれば、危険も回避しやすい。そんなわけで、キベラでできた友人・アシフは、いつも最寄りのバス停までお迎えに来てくれていた。

アシフはキベラ育ちのマサイの絵描きで、年齢はだいたい38歳（と言っていた）。ナチュラルなドレッドヘアがよく似合う長身で、絵の具まみれの緑のジャージをよく着ている。

「そろそろ着くからバス停で待っていて」と電話すると、アシフは二つ返事で迎えに来てくれる。といっても、ちゃんと来てくれるのは3回に2回くらいだが。

そんな彼は、仲間たちと「マサインビリー」というアーティスト集団を結成し、キベラでアトリエを運営している。

わたしはマサインビリーのアトリエに行くのが好きだった。仲間たちが集まっては絵を描いたり、パソコンで作曲をしたり、質の悪いタバコやマリファナを吸ったり、おしゃべりに興じたりしていた。アトリエというより、アジトのような空間。

キベラの子どもたちを集めて絵を教えていることもあれば、外国から来たジャーナリストにインタビューされていることもあった。

印象的だったのは、オーストラリアから来たというインタビュアーが「20年後は何をしていたい？」と聞いたとき。

アシフは笑って「そんなの、死んでるに決まってるだろ」と答えたのだ。

キベラで生きる者の寿命は短い。劣悪な環境のなかで60歳を迎えられるのは稀だ。強盗や殺人の類いで命を奪われる人もいれば、感染症になって命の火が潰える人も多かった。

キベラに暮らす人々の会話から、彼らにとっての命の重みの感覚が、わたしとはちがうことがよくわかる。

以前、武装警官と会話しながらキベラを歩いていたときも、警官は表情を変えずに「ここで強盗が起きたから、オレがその犯人を探し出して、射殺したんだよね。きのうのことだよ」と言われたこともあった。

そんな話の直後に、笑顔で「ところで、今夜一緒に食事でもどう？　電話番号教えてよ」と誘ってくることにも衝撃を受けたが……。

死が、特別では、ない。

日本にある死は、陰湿でかくれんぼが上手だ。意識できる機会は少ない。

キベラでは死が服を着て歩いていて、運悪く彼とぶつかったら「さようなら」。

そのくらいの身近さに感じられた。


アトリエで遊んでいると、決まって飲みに行こうという流れになる。

アシフと、アーティスト仲間のゴンバや、ケビーらと連れ立って、トタンの壁や、泥の壁で仕切られた狭く細い路地を、一列になりながら縫うようにして歩く。

道を渡して干してある洗濯物の暖簾。それらをいくつもくぐってたどり着いた終点に、そのバーはあった。

バーとはいっても、扉は歪んだ木枠にトタンを張ったものだし、窓には鉄格子がハマっている。内部は薄暗く、6畳ほどの広さ。壁伝いにベンチがぐるりと置いてあり、中央には傾いた低いテーブルがあるだけの簡素なつくりだ。ちょっと見上げると、小さなブラウン管のテレビが括り付けてある。

このバーでは、お酒を安価で飲むことができる。密造酒だからだ。

ケニアでは密造酒を飲んで死亡したり、失明したりする事故が後を絶たない。ろくでもない酒なのだろう。しかし、ここに来て飲まないという選択肢はないので、一緒に得体の知れない液体を飲む。

その密造酒はお世辞にもおいしいとは言いがたいが、強烈な味がたのしめる。強烈さゆえに量は飲めないが、ちびりちびりと飲んでいくと、いい感じにアルコールがキマって酔えてくる。

アシフとその親友ゴンバは、絵を描いているときはあまり話さないが、お酒を飲むと饒舌になった。いろんなことを話してくれる。

彼らのアートはキベラをテーマにしたものが多い。それは声を大にして叫ぶよりも、いいアートを生み出し続けていれば、言語や文化や宗教を超えて、キベラの現状が外に伝わっていくと信じているから。

子どもに絵を教えるのは、心のなかにあるものを表現できるようになることが大事だと思っているから。スラムに住む子どもは、心に傷を負っていることが多い。「だからそれを吐き出す方法があれば、少しは救いになるだろう?」とドレッドを揺らして、ふふふと笑う。

ここで絵を描くようになってから、医者やジャーナリストになりたいと、夢を持てるようになった子どもたちもいるのだという。

富裕層の人間はお金もあればコネもある。ケニアでは、コネがなくてはいい仕事につくのはむずかしい。

貧困層の子どもたちには、なにもない。将来を夢見ながら、毎日何時間も勉強をする子であったとしても、チャンスは平等には訪れない。

貧困層の若者に救いや希望がないことも、治安悪化の要因のひとつなのは間違いなかった。それでもアシフたちは腐らずに、前を向いてできることをし続けているのだ。

「だってさ、希望を生み出せなかったら、生きていけないじゃない。生まれや育ちは選べないんだから、自分の場所でがんばるしかないでしょ。自分に希望がないと、『他人の希望を奪うこと』に心が向かっていくんだよね。このへんの子どもは、誘拐されたうえに洗脳されて、強盗団をやらされるのも多いんだよ。それしか生きる道がないって思わされるんだろう。他人の希望を奪って生活しているうちに、殺されてオシマイだ。仕方ないけど、悲しいことだよ。でもな、こんなスラムにいても、諦めないで動きつづけていればさ。たまにだけど、夢が叶っちゃうときもあるわけよ。やめらんないよね」

ケニアを出る前日にも、マサインビリーに寄った。

明日出発するよと伝えると、アシフもゴンバも「なんでだよ」と何度も言った。

「最後に飲みに行こうぜ」と誘われてバーに行っては、また密造酒の杯を重ねた。

一緒にいて特別なことをするわけではなかったが、厳しさの中で生き抜く彼らから、学ぶことはいくらでもあった。少しだらしないところもあるが、わたしは彼らを尊敬していた。

話の合間に「何色が好き？」とアシフが聞くので、「緑かなぁ」と答える。するとアシフは、少しの間のあと「明日の便は夕方だろ？　空港に行く前にアトリエに来てくれ」と言う。

翌日、なんだろうと思いながらアトリエに行くと、アシフとゴンバが待っていた。「餞別だよ」と言って、ゴンバは自作の銀色のブレスレットをつけてくれた。サイズもピッタリで、自分で言うのもなんだが、よく似合っていて、うれしい。

アシフは緑色のTシャツに、めいいっぱい絵を描いて渡してくれた。胸のところには、愛らしく「Kibera」と描かれていた。そのまわりにはアシフ流のデコレーションが施されて、とても賑やかだ。背中にはわたしの名前が大きく、力強く、描かれていた。

お別れの品として持参したビールを、お礼がわりに渡すと「おぉ！　密造酒じゃないぞ！　これなら目が潰れる心配もねぇな」と、おおはしゃぎ。

「また会おう」と何度も約束をして、彼らに見送られてマタツに乗り、キベラをあとにする。

少し走り、小高い丘の上に差し掛かったとき、車窓からキベラが見えた。

密集した家々のあいだを行き交う人々は、まるで血液のように流れていく。毎日たくさんの人が入れ替わり立ち替わり、生まれては死んでゆくキベラは、それ全体がひとつの生き物のようにも思えた。

スラムという劣悪な環境。自分の置かれた立場。

彼らはそれらを言い訳にせず、いまを生きていた。

生の実感、生き抜くエネルギーが、全身からあふれ出ていた。

居心地の悪い、カタくて狭い枠組みのなかで必死にもがいていた自分。それを彼らは救い、奮い立たせてくれた。

この枠組みに自分を押し込んでいた犯人は、ほかでもない、自分だったのだ。

なりたいものを思い描く自由がある。努力し続けられる自由もある。希望は与えられるものではなく、自らが生み出せるものだと教えてくれた。

またひとつ、こころに強く美しいものを分けてもらえた。

この日から1年。

アシフは39歳の若さで、あまりにも軽やかに、この世を去った。

アジトでインタビューを受けているところ。所狭しと置かれたアートたちを見ていると、元気づけられる。

入り組んだキベラの道。このトタンのドアの先に、密造酒の飲めるバーがある。

酔っぱらって記念撮影に勤しむアシフ（左）。もう二度と会えないだなんて、思ってもみなかった。写真、撮っておけばよかった。

世界で最も美しいといわれるヒンバのコスプレをしたら、ゴミ袋に入れられた話。（ナミビア、カオコランド）

長年「結婚できない人間には、相応の理由がある」と言われて久しい。

新聞やテレビを見ていると、世にも凶悪な犯罪者であっても結婚している人がいるし、自分のまわりでも、借金していようが、ＤＶしていようが、失礼ながら「えぇ！　なんで結婚できたの⁉」と思うような人が、少なからずいる。

それなのになぜわたしは望んでいるにもかかわらず、いまだに独身街道を独走中なのか。

わたしには彼らを超える「結婚できない理由」があるのだろうか。自覚がないだけで、実はかなりひどい性癖があるとか、誰も指摘しない（できない）何らかの要素があるのではなかろうか。

そんなことを頭の片隅で考えながら旅を続け、ナミビアでは日本から来た友人4名と合流した。

メンバーは、疲労骨折するまで筋トレをするサーファーの女性・タァ、生粋のモテ女で口が達者なアヤ、声が小さい美乳のちびっ子・ミィ、そしてエチオピアで皆既日食を見ようとしたが天候不良で見られなかった、無念の日食ハンターの男性・ドララ。珍道中になりそうだ。

ナミビアは公共の交通機関が整っていないので、5人でテント付きの四駆車を借りて、縦横無尽に駆け抜けようということで話がまとまった。

人もいない、建物もない、空と大地だけの道をひたすら走っては、テントで休み、ナミブ砂漠で砂にまみれたり、砂漠の狩猟採取民族で「地球最古の人類」と呼ばれるブッシュマンの洞窟を見に行ったり、天然石を売る掘っ建て小屋で、よさげな原石を見繕ったりしていた。

今回ナミビアでどうしても行きたかったのが、カオコランド。カオコランドには、ヒンバという赤土を全身に塗った独特の風貌の民族がいるのだ。

「世界で最も美しい民族」と呼ばれるヒンバの写真を初めて見た瞬間、体内でシンバルを鳴らされたかのような衝撃があった。おしゃれに疎いわたしだが、彼女たちの独特のファッションには、強烈にハートを射抜かれた。そんなわけで「これはぜひともヒンバのもとにいかねば」と心に決めていたのである。

彼らの住むカオコランドは、ザンビアとの国境近く、ナミビア最北部。というのも、ヒンバはもともとザンビアから移住してきたからだ。

移住と表現するのは、適切ではないかもしれない。大地を遊牧している彼らにとって、いつのまにやら勝手に線引きされた「国境」というものは、ナンセンスにちがいないからだ。

昼ごはんを食べようと、カオコランド近くの街・オプウォのスーパーマーケットに車を止める。

そこには見たことのない光景が広がっていた。

われわれと同じように、洋服を着ているナミビア人。

上半身は裸、下半身に動物の皮を巻き付けた、赤っぽい皮膚のヒンバ。

頭に巻物のようなものを載せて、派手でゴージャスなドレスを着たヘレロ。

大きな麻袋に穴をあけて、頭と手足を出しているナチュラリストも歩いている。

店の前であっけにとられていると、ワンピースを着たひとりの女性が声をかけてきた。

「あなたたちヒンバの村に行くんでしょ？　案内役は見つかったかしら？　彼らは英語がわからないから、通訳は必要よ」

ヒンバは遊牧民。いまどこに住んでいるのか、見当もついていなかった。

カオコランド出身の大学生で、キャサリンだと名乗るその若い女性に、いくばくかのお金を払って案内役を頼むことにする。

ヒンバの村では、謝礼の現金は求められないが、現物でお礼をしたほうがいいとアドバイスされたので、米と塩を選んでレジに並んだ。自分たちの前にはド派手で恰幅のいいヘレロの女性たちが並んでおり、さらにその前には半裸のヒンバが列をつくっていた。どうにも見慣れない空間である。

そのときカシャっと、カメラのシャッター音が聞こえた。

音のするほうを振り返ると、ローカルの女性がわたしたちに携帯電話を向けている。目が合うと彼女は「うふふ、珍しいなと思って」と、にこりと笑った。そうだった、ここではわたしたちアジア人のほうが見慣れない、珍しい存在なのだ。

キャサリンをクルマに乗せて、ヒンバの村へ向かう。その車中で話していたら、驚くことに彼女もヒンバなのだという。伝統的な生活を営み続けるヒンバにおいて、彼女のように大学に進むのは珍しいらしい。学校に行くヒンバは、ひとつの村で数人だけだと話した。

彼女の生まれ育った村に到着。太めの枝を組み合わせてつくられた囲いのなかに、丸太や藁、牛糞を組み合わせて建てられた家が点在している。

村のリーダーをはじめとした男性たちは、高齢者と少年をのぞいて、全員放牧に出かけていて不在だった。

最初はいきなり来た外国人を警戒していたようだったが、リーダーの妻・オカバンゴに、先ほど仕入れたお礼の品々を手渡すと「まぁゆっくり見ていきなさいよ」

と迎えられ、空気が変わった。

村のなかには小屋がポツポツと建っているほかは、女性と子ども、あとはヤギがうろうろしているくらいである。

ヒンバの髪形は、大きく分けると3種類。小さな子どもは坊主。4歳くらいになると、2つに束ねて編み込んだ髪の毛を、触覚のように前に垂らす。7歳以上になると、赤土で細い束をいくつもつくって塗り固める。毛先だけは地毛を出して、ふわふわなポンポンをつくり、ボリューム満点に仕上げている。さらに頭上には、ヤギの皮と鉛でつくったヘッドドレスを飾っており、なんとも完成度の高いヘアスタイルだ。

アクセサリーも独特で、首にはネックレスというより、首輪と形容したほうが近い感じの大きな円形の飾りをし、足首にも鉛でできたアンクレットがついている。この鈍く光るアンクレットは、蛇よけの効果もあるのだという。

アクセサリーのデザインを見れば、独身なのか、結婚しているのか、子どもがいるのかなどがわかるようになっている。独身で彼氏がいなくて、もちろん子どももいないわたしのような女性は、簡素なアクセサリーになるらしい。

そのほかに身につけるのは羊の皮からつくった腰巻きのみで、上半身は裸。彼女たちの肌は、このあたりの大地の色と同じ、赤茶色だ。

この色の理由は、オカとよばれる岩石を砕いた赤い粉に、バターをまぜたものを全身に塗っているから。見た目が美しいというだけでなく、アフリカの強い日差しや、虫から肌を守る役目もあるのだという。半裸で露出している面積が大きいので、虫除け効果は欠かせないのであろう。

ちなみに、ここまでの話は女性だけの話。

男性は髪形に決まりはなく、着ているのも洋服。言われなければ、外見からはヒンバだとわからない。それでも、彼女たちは自分たち女性のスタイルに誇りをもっているのだと話した。

ヒンバの暮らしについても聞いてみる。

近くにあるいくつかの集落とひとつの村を形成しており、訪問した村の人口は約300人。村にリーダーはひとりしかおらず、世襲制だという。家畜である牛やヤギを売って暮らしており、牛は一頭45000円ほどで売れるらしい。

「キャサリンのように学校に行く人はどのくらいいるのか」と聞くと、「この村では5人」と答えてくれた。

「ヒンバの多くは学校に行きたいとは思っていない。ここでの暮らしを続けることが、幸せだとわかっているからね」


村のなかを案内してもらいながら歩いていると、ちいさな円錐形の小屋がぽつんと建っているのが目に入った。オトナ1名が大の字になって寝そべったら、それだけでいっぱいになるような、ちいさな小屋だ。

このスペースの用途はなんだろう眺めていると「それはね、独身女の住む小屋よ」と、衝撃の答えが飛んできた。

16歳になっても結婚しなかった（できなかった？）女性は、結婚できるまで、もしくは20歳を迎えるまで、この独身女専用の小屋に住まなくてはならない掟なのだと教えられる。

その場にいたタァもアヤもミィも、当然わたしも、全員が独身で、彼氏すらいなかった。われわれがもしヒンバだったら、この小屋に長いこと住まわされるのかと想像すると、恐怖のあまり、塩をかけたナメクジのように心が縮まっていく。

「あなたたちは結婚しているんでしょう?」と聞かれたので「全員がアラサーだが未婚だ」と答えると、集まっていたヒンバの女性たちはザワついたのち、一様に哀れみの視線を送ってくれた。

日本でも稀にこういう場面に出くわすときがあるが、まさかナミビアの地でも同じことが起こるとは。人生、いとをかし。

ちょっと変な空気にはなったが、ここに来たらしてみたいことがあったので案内役のキャサリンに要望を伝え、通訳をお願いする。

彼女は「本気で言ってるの?」と、ちょっと引いていたが「いいから、いいから」と押し切って訳してもらった。

リクエストを聞いたヒンバの女性たちは、驚いて目を丸くしながらも、笑いながら「いいわよ」と言ってくれた。

「こっちにいらっしゃい」と手をひかれて入った小屋のなかで、さっそく服を脱ぐ。全裸になったところで、ヒンバのスカートを手渡される。皮でできているのは知っていたが、想像以上に分厚く、かなりの重量だ。

スカートを身につけてから、赤い粉にバターをまぜた、どろどろのクリームを肌に塗っていく。思ったよりもクリームはするするとのび、塗りやすかった。バターのおかげか、肌が潤うような気もする。「ヒンバ愛用の美肌クリーム」として、アットコスメに星5つで投稿したい。

全身にくまなく塗り終わったところに、ヘッドドレスをつけてもらい、ついに完成。

そう、リクエストしたのはヒンバ体験。というより、コスプレかもしれない。

コスプレというと語弊があるが、ナミビアの地で生きる彼女たちと同じ格好をすれば、感じられるもの、わかるものがあるのではないかと思ったのだ。

もしかしたら断られるかも……と思っていたが、むしろ歓迎ムード一色。

彼女たちと同じ格好をして小屋の外に出ると、外で待っていたヒンバたちは声を出して笑った。

「こんなこと頼まれたのは初めてよ」とキャサリンも話していたし、奇妙な行動を取る外国人がおもしろかったのかもしれない。

幸いにも「そんなことをしているから、あなたは独身なのよ」とは言われなかった。

写真を撮影したり、アクセサリーを譲ってもらったりしているうちに、日が暮れてきた。

さて、問題はこのあと。

肌を赤茶に塗りまくるヒンバコスプレをしたのは、わたしと美乳のちびっ子ミィのふたりだけ。このふたりをいかにして宿まで運ぶか。それが難題であった。

「村でカラダを洗ってから帰ればいいだろう」と思っていたが、遊牧民である彼らの村には、電気はおろか、水道も通っていなかった。

ではお風呂はどうしているのかと聞くと、ヒンバの女性は水浴びをする習慣がないのだという。香木を焚き、その煙を浴びることで臭わないようにしているようだ。必要な水は、歩いて数十分の川まで汲みに行っているらしい。一緒に川に行くには、時間が遅すぎる。洗ってから帰る選択肢は、早々に消え去った。まさかの凡ミス。

肌に塗りこんだ赤いクリームは、こすると色がうつってしまう。しかもバターの油分があるせいか、布についたら洗ってもなかなか取れないらしい。

レンタカー屋からは「くれぐれも汚さないように。汚したらクリーニング代請求するからね」と、レンタル時に3回も念を押されていた。

どうしようかと、手持ちの道具を見つめてしばらく考える。

幸いにもテント生活をしていたので、かなり大きなサイズのゴミ袋を、何枚か持っていた。

ゴミ袋に穴をあけてかぶり、頭だけを出す。胴体を覆ってから、もう1枚のゴミ袋に下半身をすっぽり入れると、自分をきれいに梱包することができた。

ヒンバのコスプレから一転。ゴミ袋星人のような格好で車に詰め込まれ、村をあとにする。

滑稽で阿呆な結果にはなったが、ヒンバも、キャサリンも、仲間たちも、誰ひとりとして、わたしを責めなかった。

むしろ全員が、笑って受け入れてくれたのが、ありがたかった。

「だから結婚できないんだよ」とか、言われずにすんでよかった。

好きなことをしていると、善意を振りかざしたみなさんから、いつもそんなことを言われていたから。

「仕事ばかりしてるけど大丈夫?」「女性はかわいげがなきゃダメ」

「突飛なことしてたら婚期を逃すよ」「あなたの個性は需要なさそう」

「その格好は結婚相手に適してない」「親に紹介しづらいタイプ」

余計なお世話と返したかったけれど、アドバイスをくださる側には悪気がないので、笑顔で傷つくほかなかった。

近藤麻理恵さんこと、こんまり流お片づけは「ときめかないモノは、感謝して捨てる」メソッドらしい。

いままで突き刺していただいた言葉と価値観には、なんのときめきもないので、
いらん善意にだけは感謝して、ナミビアの大きなゴミ袋に捨てていくことにした。
蘇生不可能な恋も、取り戻せない過去の失敗も、いつまでも持ち歩いていたら、
ほかになにも持てないから。
全部に感謝して、全部いらんものは捨てて帰るわ。

ヒンバのコスプレをして、ヒンバのお土産を買う。おしゃれなアクセサリーがいっぱい。

アフリカは、大きいものはとことん大きい。このあっけらかんとしたデカさは、心を晴れ晴れとさせてくれる。

四駆車のルーフテントで、快適キャンプ生活。のはずが……最終日にブレーキパッドが真っ二つに割れ、死ぬか生きるかのスリリングなドライブをするハメに。

ＵＦＯの飛来するスピリチュアルな街で起きたハプニング・ライフ。（ブラジル、アルトパライソ）

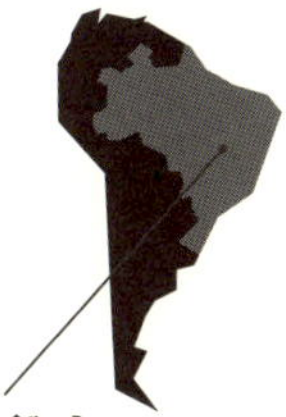

わたしはスピリチュアル派でもなければ、オカルト好きでもないのだが、おもしろそうなものがあると、ついつい手を出してしまう性癖がある。

ブラジルには、ＵＦＯが頻繁にやって来ることで（一部のマニアのあいだでは）有名なアルトパライソという街がある。

ＵＦＯなんぞ信じてはいない。見たことがないからだ。もしＵＦＯを見ることができれば、それは価値観が変わりそうなくらいに、衝撃の出来事であることは間違いない。これは自分の価値観をぶち壊して再構築する旅なので、ぜひＵＦＯを拝見せねば。

ＵＦＯが飛来する街なら、もしかしたら宇宙人に会えちゃうかも。宇宙人はわたし好みの犬顔の男性の姿をしているかもしれないし、アメーバ状でローションのようなヌルヌル生命体かもしれない。

運命の相手は、宇宙人。なんともいいストーリーではないか。それならば、いままで地球人とうまくいかなかったことも納得できる。

UFOと宇宙人を目当てに、さっそくバスを乗り継いで、その街へと向かった。


アルトパライソは、ヘンテコな空気が流れる街だ。

街のあちこちにUFOのオブジェが置かれているし、壁にはたくさんUFOの絵が描かれているし、UFO御用達らしい公園（通称UFO公園）もあるし、UFO型の宿泊施設まである。

アルトパライソは、南米におけるヒッピーと宇宙人のたまり場のような場所なのだと、全身タトゥーだらけのゲストハウスのオーナーは笑う。

この街のUFO以外の娯楽といえば、滝である。

映画館やゲームセンターのようなものはないが、滝だけはたくさんある。滝はどれもが美しい自然のなかにあり、観光案内所には滝マップが置かれていた。というより、滝以外に推せる場所やアクティビティがほとんどないので、観光案内所は滝案内所と化しているのだ。

街のあちこちで行われている謎のイベントに精力的にでかけてみると、宇宙に声を届ける会（発声練習）だったり、宇宙を感じる会（瞑想）だったりした。

そんなある日、フェイスブックに「アルトパライソにいる」と投稿すると、日本に住むブラジル人の友だちマリオから「ぼくのナイスガイな従兄がそこに住んでいるから、ぜひ訪ねてくれ。名前はペドロっていうんだ」とメッセージが送られてきた。

人見知りな性格が災いして「どうしようか、断ろうか」と迷っていたら、間髪入れずにナイスガイらしいペドロ本人からもメッセージが着弾。

「ぼくの家はUFO公園の目の前だよ。マリオの友だちなら大歓迎だし、部屋も余っているから泊まっていって」と書いてある。

送信者ペドロの写真を見てみると、どの角度から見ても美しかった。ロマンスの神さまも、ようやく仕事する気になったらしい。サンキューゴッド。

善は急げとばかりにＵＦＯ公園を駆け抜け、彼の家のドアをノックする。

すると、家のなかでドタバタと音がしてから、長髪で整った顔の男性がひょっこり顔を出した。犬に例えるならば、コリーが最も近い。

彼は上半身裸で、下半身も着衣に乱れがあったが、そういうスタイルなのだろうと気にしないことにした。

招き入れられて、家におじゃまする。

「ちょうどいま寿司を作っていたんだ」ということで、野菜の巻き寿司と、日本茶をごちそうになった。

ペドロは祖父が日本人らしく、日本に興味があるのだという。彼は英語が不得意で、わたしはポルトガル語もスペイン語も単語しかわからないため、むずかしい話はできないのだが、共通の知人がいることもあり、会話はそれなりに盛り上がる。

彼の住む一軒家のとなり、離れの部屋が空いているので「そこに好きなだけ滞在してくれて構わない」と言ってくれた。

この街同様、ペドロは少しヘンテコな空気をかもしているものの、わるい人ではなさそうだし、友人の従兄なので、変なことはしてこないだろう。

さっそく引っ越しさせてもらうことにして、荷物を離れへと運び込んだ。

軽く掃除をして、借りたマットレスに布を敷いてベッドをつくる。小窓から差し込む光がきもちよい。

ペドロはオーガニックカフェで働いているらしく、その日の夜も出勤していった。

わたしは離れで悠々自適にくつろいで、そしてのんきに眠った。


翌朝、トイレに行こうと母屋のドアを開ける。

静かにトイレを済ませて出ようとすると、視界の隅でペドロが眠っていた。

全裸で、寝ているように、見えた。

が、いまさら成人男性の全裸をチラ見しただけで動揺できるほどウブではないし、それを凝視するほど痴女でもないし、そもそも別に見たくもない。

見間違いかもしれないので、そのままソロソロと離れに戻る。

しばらくすると、ペドロからフェイスブックにメッセージが届いた。なぜとなりの建物にいるのにメッセージを送ってくるのだろう。

その中身を解読すると「ぼくが寝ている姿を見たでしょう」と書かれている。真意はわからないが「ちらっと見えたけど、それがどうしたの」と返す。

「ぼくが裸なのに気づいたのか」と聞かれたので「それは知らない」と答える。

何通かやりとりしているうちに「キミが受け入れてくれるなら、こちらの部屋に来てぼくのことを見てほしい云々」のようなことが送られてきた。

英語とポルトガル語をミックスしたメッセージを送ってくるので、なにを言っているのかイマイチよくわからないが……きな臭さは感じる。におう、におうぞ。地球語を学び始めたばかりの宇宙人と会話しているような気分だ。

「どういうことかわからないから、そっちに行くよ」と返事をして母屋へ入ると、キッチンカウンターの向こうに、椅子に座ったペドロが見えた。

会ったときと同じように、上半身は裸だ。

と思ったが、近くに行くと、彼はなんと、全裸だった。

全裸椅子。股間、直に椅子につけてて冷たくないの？　座布団つかったら？

そんなツッコミをするかしないか迷っていると、彼は音を発する。

「実はぼく、全裸主義者なんだよ」

え……なに、この展開……と面食らっていると「だから。ぼくは家のなかでは全裸だから。よろしくね」と微笑まれた。なんだ、これ。

かくして、若き美形の犬顔男子（ステータス：全裸）との奇妙な同居生活がはじまった。

ふたりでお茶をするときも、食事をするときも、世間話をするときも、彼は全裸のままであった。仕事に向かうときは服を着ているが、家に帰ってくるとすぐに服を脱いで、きちんと全裸になる。

彼の働くカフェに遊びに行くと、同僚や友人たちから「きみも全裸主義？」と聞かれまくるので、丁重に否定しておいた。理解がある街で、なによりである。

わたしは節約のため毎日ラーメンをつくって食べていたのだが、とある日、それをおすそ分けしたら、汁が勢いよく飛んでしまった。わたしは服を着ているのでノーダメージだったが、ペドロは全裸なのでノーガードで汁を被った。

熱がる彼に謝りながらも、わたしは「揚げ物するときも屁っ放り腰なんだから、エプロンをしたらいい。裸エプロン」と、思わずにはいられなかった。

何度か「きみも全裸で暮らしたらいいよ」と提案されたが、ラーメンを食べるのに適していないし、違和感があったので断り続ける日々。彼の距離の取り方から考えるに、間違いが起こりそうな気がしていたのだ。

ギリシャの全裸テント生活のときもそうだったのだが、全裸同士だとすぐにセックスをする、しないの話題になる。もはや挨拶の一種なのかもしれないと錯覚するレベルだ。全裸だと、心の距離が近くなるからかもしれない。

したい相手とであれば、話が早くていいのだが、そうでもない場合は断るにしても、かなりの精神力が必要になってくる。それが一つ屋根の下となればなおさらだ。

フリーセックス派であれば、全裸主義者のペドロと暮らし、早々にセックスをたのしんで、それはそれでいい日々になったと思う。

しかし、どうにも踏ん切りがつかない。失恋の悲しみから穿いた、呪いの鉄パンツが重い。

別に誰かが見ているわけでもないので、したければすればいいのだが「全裸主義者とセックス三昧の日々」というのが、この旅の1ページを占めるのは、ちがう気がした。そういう旅がしたかったのではない。

「その人の旅は、その人に似る」というのが、わたしの信条だった。

軽はずみなセックスは、この一世一代の旅には不要に思えてならなかった。いま一瞬の誘惑に負けて性行為まみれの日々を選んだら、これからの人生も、少なからずそうなってしまうような気がする。

自分がすべての選択肢をもって選べる旅だからこそ、ちゃんと必要なものを選んで進みたかった。この先も、人生も。

そんなわけで、全裸主義を否定するつもりは毛頭ないが、セックスの誘惑と、汁物を食べるときの配慮が面倒になったため、わたしは早々にこのスピリチュアル・

タウンを出ることにした。有名な滝トレッキングには全部行けたので、心残りはない。

出発の日、ペドロに「ＵＦＯ見たことある？」と聞いたら、「もちろんだよ」と笑っていたので、もしかしたら彼は全裸文化の宇宙人だったのかもしれないし、ＵＦＯにさらわれて全裸主義者に改造された過去があるのかもしれない。

全裸であること以外は、とてもいい人だった。

ちなみに「〇〇以外は、いい人」という言い方をされる場合、〇〇の部分がたいてい致命的なものなので注意が必要だ。

毎日空を見上げてもＵＦＯは見られなかったが、美しい滝と、若き犬顔男子の全裸はかなりたくさん見られたので、アルトパライソはなかなかよい街であったともいえる。

もう二度と行かないけど。

WILD
ASS
SALOON

DOWNTOWN

PAY
TO PARK
ALL HOURS

SANTA MONICA
66
End of the Trail
Santa Monica
Dial-a-Ride
RESTROOMS

シャーマンパワーは本物なのか!? 幻覚剤アヤワスカ・トリップ。（ペルー、サンフランシスコ村）

わたしは目に見えるもの以外を信じてこなかったし、科学的に実証されていないものを疑って生きてきた。

たとえば霊感だとか、ＵＦＯだとか、超常現象だとか、神さまだとか。

それは自分に実感がないせいだろう。霊感はないし、ＵＦＯは見られなかったし、超常現象なんて体験したことないし、もし神さまがいるとするなら、この世はけっこう残酷な仕上がりだ。

とはいえ、モノをたいせつにすると魂が宿るような気もするし、悪いことをすると罰が当たるような気もするし、八百万（やおよろず）の神はそこらじゅうにいるような気もする。

それでも、占い師やスピリチュアル・カウンセラーみたいな人が、本当に霊的なチカラがあるのかといえば、それはちょっと「?」と思ってしまう、へそ曲がりな人間、それがわたしだ。

そんな自分の偏屈な部分をタコ殴りにしてみたいと、やってきたのがペルーのサンフランシスコ村だ。この村には数人のシャーマンが住んでおり、彼らは幻覚剤アヤワスカを使って、その人に必要なビジョンを見せるセレモニー(儀式)をしてくれるのだという。

アヤワスカは、ホフマン博士が生み出した有名な幻覚剤LSDを遥かにしのぐ効果があるらしく、なんとその差100倍とのウワサだ。

LSDの100倍もぶっ飛ぶといわれる強烈な効果のせいか、アヤワスカを違法とする国もあるのだが、ペルーでは合法。

それもそのはず、アマゾン上流域のシャーマンは、古くからこのアヤワスカを使ったセレモニーを通じて、さまざまな精霊たちと交わり、そこで得られたビジョンを用いて村の行事を決めたり、争いごとを解決したり、病気の治療をしてきたのだ。

アヤワスカ自体に幻覚作用があるのだろうが、そのセレモニーを取り仕切るシャーマンにも、目に見えないチカラがあるにちがいない。

このセレモニーに旅行者も参加できると聞けば、どうして参加せずにおられようか。

サンフランシスコ村は、小さな空港のあるプカルパから、バイクタクシーで20分弱。そしてヤリナコチャの湖畔から、エンジン付きのボートで1時間半ほどであり、アクセスはそんなに悪くない。

偶然リマから同じ飛行機でプカルパまでやってきた、スラリとしたイギリス人の美女タニアも、これからサンフランシスコ村で2週間ほど滞在して、セレモニーを受ける予定だという。

以前イギリスでサンフランシスコ村から招待されたシャーマンの女性・リサのセレモニーに参加したところ、人生が変わるくらいにすばらしい経験ができたらしい。

夕焼けに染まるバイクタクシーのなかで、彼女は目を輝かせて言った。

「リサのセレモニーは、とにかくすごかったの。ことばでは言い表せない。

いま生きるのに、必要なものがなにかを見せてくれるんだから。一緒に行こうよ」

シャーマンと一括りに言っても、その質はさまざまだ。

数年前にはセレモニーでオーストラリア人が死亡し、その死体が遺棄された事件があった。アヤワスカで酩酊状態の女性をレイプする極悪シャーマンだっている。

少々マニアックなジャンルなので、最新のシャーマン情報を得るのも一苦労。これもなにかの縁だろうと思い、わたしもタニアと同じシャーマンのところでお世話になることにした。

夜になり、命の気配がそこかしこにある紺色のアマゾンを、ボートが音を立ててすべっていく。

アヤワスカセレモニーを希望する者は、そのセレモニー主のシャーマンと、同じ敷地に滞在するのが一般的だ。わたしたちの滞在する施設は、どんな感じだろうか。

到着してみると、そこは小さな集落のようで、いくつかの建物が点在していた。タニアとわたしが寝泊まりするのは、そのなかでも古さが目立つ木造小屋。

移動に次ぐ移動で、着いたときにはすでに深夜になっていた。もちろん電気は通じていないので真っ暗だ。

　ヘッドライトをつけて見回してみると、小屋のなかにはせんべいのように薄くなったマットレスがずらりと並んでおり、それぞれに蚊帳が張られていた。どうやら女性ドミトリーのようである。

　荷物を置いて、タニアとダイニングのある小屋へ行くと、そこではすでに10名の男女がキャンドルを囲んで談笑していた。全員がアヤワスカセレモニーのために世界各国から集まり、きょうからここに滞在するのだという。

　ちょうど自己紹介をしていたところだったらしく、われわれも仲間に入る。アメリカから来た男性3人組のほか、フィンランド、スペイン、オーストリア、フランス、イギリス、チリ、ペルー、そして日本と、グローバルな顔ぶれだ。

　アヤワスカの経験者は4人。リピートしたくなるようなすてきな体験なのだろうかと、期待におっぱいがふくらむ。

　リサのセレモニーを受けるために、ほぼ全員が2週間以上滞在する予定らしい。さながらアヤワスカ合宿だ。

明朝、起きて小屋から出てみると、急にここはアマゾンなのだと自覚させられる。昨夜は暗くて見えなかったが、地面は濃密な緑に覆われており、空はさえぎるものなく、のびのびと広がっていた。植物や虫、動物、いろんな生命の音が、合唱している。

全員がダイニングに集まったところで、シャーマンのリサがやって来た。黒髪に、洋服。意外にも、そのへんにいるおばさんたちと変わらない。やさしい目が印象的だった。

リサがここでのすごし方を説明する。彼女は英語を話さないため、アシスタント役のチリ人青年・ダギーが通訳をしてくれた。ヒゲをもじゃもじゃさせながら、彼女の言葉を伝えてくれる。

ここにいるあいだは、砂糖や塩は禁止。お酒もダメ。

食事は三食こちらで用意するので、ほかのものを食べないように。

アヤワスカの効果は強烈なので、食事制限をして心身の準備をしておかなくてはならないという。

初回のセレモニーは、明日から。きょうはみんなで親睦を深めるスケジュールになっていた。セレモニーではアヤワスカが効きすぎて、とんでもないことになる人もいるらしい。そのため、おたがいを知り合い、できるだけ信頼関係を築いておくことが、よきトリップをするためには重要なのだ。

食事をとり、セレモニーに使うアヤワスカづくりをお手伝い。

アヤワスカとは、アマゾンに自生しているツル植物の名前なのだが、実はアヤワスカ単体だけでは、十分な幻覚効果は得られない。アヤワスカをハンマーで叩いてほぐしたものに、緑の葉チャクルーナを加えて長時間煮込んだものが、幻覚剤アヤワスカと呼ばれている。

昔の人はどうしてこの茶色のツルと、緑の葉をあわせて煮詰めると、幻覚剤ができるとわかったのだろうか。そんなことを考えながら、ボコボコとアヤワスカを叩き続けた。

アヤワスカ・クッキングをしていると、となりに座っていたタニアの腕に、たくさんの虫さされができていることに気づく。まるで大量の蚊に襲われたかのように、赤くぷっくり腫れ上がっていた。

どうしたのかと聞くと、シャンガという木で、自分を清めたからだという。

「なに言ってんの？」という顔をしていたわたしの手をひいて、タニアがシャンガの木を見せてくれた。そのへんに生えている背の低い木々が、それだった。枝にはたくさんのトゲがある。

「このトゲを両腕に叩き付けると、そこから悪いエナジーが出る。カラダがクリーンになっていくのよ」

真面目な顔で言われたので、わたしも真顔のまま、枝で叩いてもらった。チクチクして痛いものの、どんな表情をしていいのかわからない。リアクション下手なM嬢になった気分だ。

これだけで悪いエナジーとやらが、カラダから出てくれるのであれば大歓迎である。遠慮せずにバシバシ叩いていただく。これで清廉潔白でピュアなわたしを取り戻すのだ。

夕方には村人たち十数名が宿を訪れ、歓迎の音楽とダンスでもてなしてくれた。みんなで輪になって踊ったり、楽器を演奏したりと、賑やかな時間をすごす。

歓迎しに来た村人たちにはチップを含め、それなりお礼が支払われていたし、敷地内には新しい小屋が建設中で、毎日数名の大工が出入りしていた。シャーマンとセレモニー目当ての観光客によって、村にかなりの経済効果があるのは間違いない。

サンフランシスコ村のあるプカルパ周辺だけでなく、東に位置する街イキトスなどでも、観光客向けにアヤワスカ・セレモニーが行われている。イキトスでは一晩で何万円もする、ラグジュアリーな宿泊施設がいくつもあり、各国のセレブも数多く訪れていると聞く。シャーマニズムが、観光資源として使われるようになってきているのだ。

セレモニーを行う場所は、敷地の一番奥に建てられており、その建物はテンプルと呼ばれていた。

木造のテンプルは円錐形で、およそ50平米くらいの大きさだ。入口は一カ所。いくつかある窓には、虫除けの網が張ってある。入り口とは別に、もうひとつ扉があるのだが、そこを出ると草むらに板を渡しただけの、長めの廊下が続く。その先には手洗い場と、トイレがふたつ配置されていた。

合宿メンバー全員がテンプルに集められ、セレモニーについての詳しい説明を受ける。

開始時間は、明日の夜8時。リラックスすることがたいせつなので、締め付けのない服を着ること。濃い色の服は避け、できれば白い服が望ましいこと。嘔吐したくなったら我慢せずに、そばに置かれたバケツに出すことなどが告げられる。

おたがいがどんな人間なのかを知り、信頼しあうことがセッティングとして重要とのことで、参加者がそれぞれどのような思いで、この場にやってきたのかを発表しあうことになった。

最初はタニア。よどみなく、うれしそうに話す。

「イギリスで受けたセレモニーで、自分が火を噴く龍にカラダを焼かれ、飲み込まれ、生まれ変わるビジョンを見たの。その強烈な体験で、生きる道がわかった。

だから今回は、その次のビジョンを得たくて来たんだ」

アメリカから来た3人組のひとり、車椅子のボビーは、ぽつりぽつりと言葉を口にした。

「ぼくはある日を境に、突然歩けなくなった。医者に診てもらっても原因はわからない。もしかしたらシャーマンのチカラで歩けるようになるかもしれないと思って」

そのほかにも「過去のツラい思い出を克服するために」とか「自分を浄化するために」とか、さまざまな理由が述べられていく。

自分の番が来た。かなり真面目でスピリチュアルな空間だったため、当初の目的「LSDの100倍って、どんだけキマるのかなと思って……」と話す勇気は出なかった。

「幸せになりたくて、そのために考えうる目標は達成してきた。でも、がんばったわりには幸せは感じないし、人生に行き詰まってるなぁと思ったのでここに来た。なにかヒントを見つけたくて」

そう第二の理由を答えると、みんなはやさしく、うなずいてくれた。

アヤワスカ・セレモニー、初回の朝。

いつものように朝食と昼食は「素材の味を活かした」というよりも、もはや「素材の味しかしない」食事が出される。砂糖も塩も使っていないので当然だ。ニンジンはニンジンの味しかしないし、ジャガイモはジャガイモの味しかしない。ひたすら咀嚼して飲み込む。納得の味わい。

今夜はセレモニーがあるので、夕飯は抜き。ダイエットにも最適な合宿だ。

日が落ちて暗くなりはじめたころ、それぞれが自分のマットレスと枕、毛布などを持ってテンプルに集まった。中央の柱を囲むように円形に広がり、思い思いにリラックスできるスペースをこしらえる。

キャンドルゆらめく光のなか、リサがやってきた。

彼女は普段着とはちがい、まさにシャーマンと呼ぶにふさわしい美しい模様の衣装をまとっていた。

リサのあとに続いて、アシスタントを務める男性ふたりと、子どももふたりもやってきて、彼女の左右、そして後ろに腰をおろした。

パロサンタと呼ばれる木片を焚いて、テンプルのなかの空気を浄化したのち、リサがタバコを吸いはじめた。壷に入ったアヤワスカにタバコの煙を吹き込み、口笛を吹く。これはシャーマンのインテンション（意志）をアヤワスカに込める意味があるらしい。

それから参加者はひとりずつリサのもとへ行き、彼女から注がれたアヤワスカを1杯ずつ飲んでいく。

自分の番になって、いざコップに入ったアヤワスカを見ると……量が多い。180ccはあるのではなかろうか。ドロドロで、嗅いだことのない臭気を発している。

気合いを入れて、一気飲みした。カカオを粘度の高い液状にして、仕上げに泥をぶち込んだような、なんとも表現しにくい味と臭い。絶妙なマズさだ。

リサを含め全員が飲み終わると、キャンドルが消された。すうっと暗やみが落ちてくる。

しばらくして目が慣れてくると、次第にあちこちの輪郭が、月明かりで浮かび上がってきた。

リサとそのとなりにいた男性のシャーマンが、ふぅと一息ついて、歌をうたいはじめた。シャーマンによって受け継がれている歌、イカロだ。

イカロにはいろんな役割があるらしく、場を浄化するためのイカロや、ビジョンの方向性に影響するイカロ、敵のシャーマンから身を守るためのイカロなどがあるらしい。

初めて聞いた自分には、もちろんなにを歌っているのかはわからないし、それがどんな効果のあるイカロなのかも不明である。

開始時には座っていた参加者たちが、次々と仰向けになっていった。それにならって、わたしも仰向けに寝転んで効果が出るのを待つことにする。

イカロが歌われ、少しの沈黙があり、またイカロがはじまった。

この繰り返しのなかで、次第に嘔吐する参加者が続出。ひとりが嘔吐すると、また別の方向から吐いている音がする。暗いので誰がどうしているのかはわからない。かなりの人数が、それぞれに何度も吐いているので、嘔吐の輪唱のようになってきた。

嘔吐してからが効きの本番だと聞かされていたので、わたしはいつ吐き気がくるのだろうかと、精神と感覚を研ぎすませて待っていたのだが……まったくこない。

そんなわたしを他所に、左側から女性のうめき声が聞こえてきた。

恐ろしく低い声で、いまにも発狂しそうな音を喉から絞り出している。

月の明るさが、次々に変わる彼女のシルエットを描き出した。うつぶせになった状態から、四つん這いになり、そのあと反り返り、力の限り手足を伸ばしている。見るからに大変そうな状態だ。爪はマットレスに食い込んでおり、まさに「取り憑かれた」かのように苦しんでいる。

ゆっくりとリサが近づいていく。それに気づいた彼女は、リサに向かって威嚇の声をあげた。いまにも飛びかからん勢いだ。

リサはなんの動揺もなく、すっと目の前に座り、そしてイカロを歌いはじめた。

すると攻撃的な音を発し続けていた彼女が、徐々に落ち着きを取り戻していくではないか。

しばらく経つと、彼女は糸が切れたようにドサリとマットに倒れ込んだ。

ほっと安心して、まわりを見渡す。どうやら、みんなは効果が出はじめているらしかった。

右側からはすすり泣く声が聞こえる。アメリカからきたマーティンだ。

最初は悲しそうな声を出しているだけだったが、次第に嗚咽とともに泣き出してしまった。泣きながらも、ずっとバケツに嘔吐を繰り返している。もうなにも出なくなったであろうに、バケツを抱えて吐き続けようとしていた。

引き続き、なんという状況であろうかと衝撃を受けていると、いつのまにか彼の前にリサが座っていた。

彼女がイカロを歌うと、マーティンは水を打ったように静かになった。彼の苦しみが取り去られたのだろうか。

自分にも、なにかとんでもないことが起こるのではないかと期待していたが、変化を確認してみると、少し酔っ払ったときのような感覚があるだけだった。

目を閉じるとビジョンが見えやすいと聞いていたので、まぶたをかぶせると緑色のフラッシュがまたたく。ハッキリとしたモチーフが見えたり、劇的な変化が起こったりするのではないかと観察しているうちに……そのまま眠ってしまった。

翌朝、わたしが起きたのを見つけると、近くにいたみんながハグをしにやってくる。

「どうだった、どんな体験だった」と次々と聞かれる。みんな自分の体験を話したくて、そしてほかの参加者の体験を聞きたがっていた。彼らの話を聞くと、ほとんどがかなり深いところまでビジョン・トリップをしてきたようだ。

「ミギーはどうだったの」と聞かれるが、特に話せるようなことは起きなかったので、それを素直に伝える。

すると、みな口々に「次は、きっとビジョンが見えるわよ」と励ましてくれた。

前夜のセレモニーでビジョンが見えなかったのは、わたしとスウェーデンから来た学校教師のスーだけだった。

スーは「きもち悪い感じはするが、それ以上なにも起こらなかった」らしい。

わたしたちふたりは、参加者たちが嬉々として感想を語る様子を見守るほかなかった。「きっと次は大丈夫だよね」とおたがいを励ましあって、テンプルを出る。

1日空けて、またセレモニーの夜がやってきた。前回と同じように、小屋からマットレスを運び、セッティングをする。

参加者全員が輪になって、順番に今回のセレモニーに関する意気込みや、祈りの言葉、感謝のきもちを表現する流れになった。

「ここにいられることに、そしてすばらしき仲間に出会えたことに、感謝いたします」とか「美しい時間をくださる世界のすべてに、心からの敬意を」とかなんとか、そんな言葉が続く。

人生最高潮にスピリチュアルな空間のなかで、わたしも同じようなことを口にしてみる。なにやらすごいところに来ちゃったなぁ……。

スピリチュアル発表会のあと、リサたちシャーマン一家がテンプルにやってきて、今夜もセレモニーがはじまる。

リサは前と同じように、コップにアヤワスカを注いで、ひとりずつに与えていった。

自分の番が回ってくる。わたしがリサの前まで進むと、彼女はまるで日本酒を注ぐかのように、コップの限界までなみなみと、アヤワスカを注いだ。

前回よりも多めだなと思いながら、ドロついた液をぐびりと一気に飲み干し、コップを返す。

するとリサは、何食わぬ顔でコップに2杯目を入れはじめた。

またもたっぷりと注いで「これも飲みなさい」と言うではないか。

2日前のセレモニーでビジョンが見えていなかったことは話していたが、いきなり倍量を摂取することになるとは……。1杯飲んだだけで、取り憑かれたようにぐねぐねと苦しみ悶えていたり、号泣したりしていた人がいるというのに、こんなに飲んで大丈夫かしら。

アヤワスカは、ほかの幻覚剤のように耐性がつかないことでも知られている。逆耐性があるともいわれ、回数を重ねるごとに効果を感じやすくなるという説もあるほどだ。

戸惑いもあったが、ここまで来てなにも体験せずに帰るほど、不甲斐ないこともない。ありがたく、おかわりアヤワスカを飲み干す。

その後、キャンドルが消され、静寂の闇が訪れた。

時折、リサたちの歌うイカロだけが聞こえてくる。まるでこのテンプルのなかだけが別世界になったかのような、そんな音が響いていた。

仰向けになり、おだやかなきもちでイカロを聞いていたら、まわりから嘔吐の音が聞こえはじめる。みんなはそろそろ効きはじめたということだろう。

きょうもたいした変化がないなぁと思って、ゴロンと寝返りをうちながら自分のカラダの重さを味わっていると、リサと通訳のダギーがやってきた。

「効いているか」と聞かれたので「まだ来ない」と答える。

すると、さらにもう1杯アヤワスカを飲みなさいと言う。まさかの3杯目。

某青汁のCMのごとく「あーまずい！」と言いたくなるきもちをおさえて、注がれた液体を内臓へと流し込む。体内からアヤワスカ臭がこみ上げてくるが、とにかく効かないことにははじまらない。さすがに3倍量飲めば効くだろう。

もう一度横になって、そのときを待つ。

嘔吐音がサラウンドで聞こえる。自分にはまだ来ない。

次第にお酒に酔ったときのような、地球がまわっているような感覚が出てきた。まわりの空気が、ふわふわと弾力をもった感じもある。

リサを見てみると、円形に並んで寝ている参加者ひとりひとりのそばに行き、それぞれにちがうイカロを歌っている。

一体このあとどうなるんだろうと、感覚の観察をしながらリサの巡回を待つ。

しばらく経ってから、リサが仰向けに寝ているわたしの足元に静かに座った。むくりと起き上がり、バケツを抱えた格好でリサに向き合う。「ビジョンは？」と聞かれたので「まだ」と短く答える。なぜかはわからないが、まだ嘔吐するにも至っていない。

それを聞くと、リサは一拍おいてから、わたしに向かってイカロを歌いだした。

旋律は思い出せない。聞いたことのない音と、それを包むエネルギーが、波となり次々と打ち寄せてくる。

自分の感覚すべてが、イカロの世界に飛ばされてしまう。するとそれまでなんともなかったはずなのに、口から液体が無意識のうちにあふれだした。

驚きを感じる間にも、どんどん排出されていく。わけがわからない。いっさい吐こうとしていないのに、勝手に戻してしまうのだ。まるでリサに操られているかのように、カラダからすべてが引っ張り出されていった。

強烈な力に引きずられ、どす黒い自分がずるずるとバケツに出ていく。嘔吐するたびに重みがなくなり、妙な快感が、あたり一面を取り囲んだ。

いままで彼女がテンプル全体に歌っているときも、誰かに向かって歌っているときも、そのイカロが自分に影響しているとは感じられなかった。

にもかかわらず、自分に対してリサが歌いだした瞬間、世界は反転。圧倒的な見えざるチカラで、別世界に引きずり込まれる。

自分が自分でなくなりそうな、いままで理解していたはずの概念、そのすべてがわからなくなるような、そんな意識空間に連れていかれるのだ。

イカロを歌い終わると、リサはそっと立ち上がって、別の場所に歩いていった。

わたしは世界を理解する糸口をなくし、視界からいなくなった彼女の姿を目で追うこともできず、ぐわんぐわんと残る波に揺られながら横たわる。

仰向けになって目を閉じると、模様が目の前に現れた。

目を閉じているのに、目に見えるというのもおかしな話だが、光が点滅しては消え、またカタチを変えては光る。

そこに見えてきたのは、羽だった。無数の羽が降り注いできたり、ふわふわと舞ったり、回転したり、増えたり減ったり、カタチが変わったり、曼荼羅のような図柄になったりする。

なんで、ここにきて羽なんだ。自分にとって羽がなにかの意味を持つのだろうか。

わたしは羽に馴染みがない。ダウンのジャケットと、羽毛布団くらいしか思い当たる節がない。羽毛布団は大好きだ。擬人化して付き合えるなら羽毛布団がいい。どうして、こんな意味のないことまで、いま頭に浮かぶ？

あとでこのことの意味をリサに聞いてみようと思いながら、しばらくビジョンを眺めていると……おなかがぐるぐるしてきて、肛門を「なにか」がノックしはじめた。

おならのつもりで肛門を開門して、万が一「なにか」が下痢だったら大惨事である。トリップしながらも、妙な冷静さは残っていた。

羽の舞うビジョンとともに、ふわふわしたまま立ち上がり、歩いてトイレへと向かう。アヤワスカを３杯も飲んだのだから、歩けないくらいの幻覚作用が来るのではないかと思っていたが、目を開けると意外にもちゃんと現実世界が認識できた。

トイレで盛大に排泄。さきほどの「なにか」は、おならを偽装したアレだった。

あぶない、あぶない。

水の感触に身を委ねながら手を洗う。水滴のついた手の感覚までもが新鮮だった。

廊下から外を見る。

満月が煌々と浮かんでいた。

闇夜かと思っていたが、空はキレイな群青色を広げている。月明かりで照らされた紺色の草木は、寝息を立てているかのようにすやすやとなびく。

耳を澄ませば、地面からたくさんの虫の歌声が、天にのぼっていくのがわかった。世界とは、かくも美しいものだったのか。感動がこみ上げてきて、そのまましばらく外を眺めていた。

たとえ、これが幻覚だったとしても、こんなにも世界が美しく感じられるなんて、それだけでセレモニーに参加できてよかったというものだ。

再度自分のスペースに戻って、横になってみる。目を開けていると天井までの高さが安定しないので、幻覚作用はそれなりに残っているようだった。

目を閉じる。おだやかなきもちで浮かんでくるアレコレを眺め、そして眠りに落ちていった。

翌朝。目を覚ますと、参加者たちはこの前と変わらず、自主的に体験のシェアを行っている。人によっては模様だけではなく、子どものころの自分と会話をしたとか、自分が脱皮して別の生き物に変身したといったストーリーを見ていた。

そういう体験もおもしろそうだな、次のセレモニーで見られるかなと思っていたが、残念なことに、もうタイムアップ。

この日の朝に村を出て、飛行機でリマに戻り、さらに翌日にはリマからコスタリカに飛ばなくてはいけない。

なぜならば、リマ空港の税関で召しあげられた、木彫りのモアイ2体を救出しにいかなければならないからだ。

このモアイたちは、イースター島の名称で親しまれるラパヌイ島の友人トーマスからプレゼントされたものである。丸太を掘って作った素朴なモアイは「木材」とみなされ、ペルーに持ち込めず、税関で没収されてしまったのである。

もらったばかりの手作りモアイを目の前に、号泣しながら「返してほしい」と延々と訴えた。税関職員は、泣き続けていつまでも出ていかないモアイ好きの女に辟易したのか「この空港から出国するのなら返してあげよう。ただし保存期間は1週間だ」と、譲歩してくれたのだ。

その期限はもう目の前に迫っていた。

もっとアヤワスカとシャーマニズムを体験したかったが、いまの自分にはビジョンよりも贈られたモアイのほうがたいせつだ。きっと、いまはそういうタイミングだったのだろう。リサに礼を告げ、スピリチュアルな仲間たちに見送られ、後ろ髪を引かれながら、施設をあとにした。


シャーマンには、たしかに見えざるチカラがあった。いまでもあのイカロの衝撃を思い出す。あの旋律で引きずり出されたものは一体なんだったのだろう。

もっと深く潜っていけたら、何かの答えが見つかったのだろうか。

目に見えない、科学で証明できないものを疑い続けてきた自分だったが、今回の出来事で、それらが確実に「ある」ことを、ようやく実感できた。

そうだ。愛だって、目に見えないけど、たしかにここに「ある」じゃないか。

探しに行かなくても、愛は、世界にも、自分のなかにも「ある」。

なんで大切なものに限って、すぐ忘れてしまうんだろうね。
どこかに置いてきた忘れ物を、届けてくれたアヤワスカ短期合宿。
次に人生に行き詰まったときは、ここで長期滞在をしてみたいものだ。

アヤワスカ・クッキング中。顔にペイントされて、さらにスピリチュアル度が増してしまっているわたし。

セレモニーをするテンプルの中はこんな感じ。嘔吐用の洗面器もしっかり常備。

シャーマン一家。左から二番目の女性がリサ。今度はがっつりスケジュールをとって訪問したい。

想像をはるかに超える奇想天外フェスティバル
「アフリカバーン」（南アフリカ、タンクワタウン）

「バーニングマン」というものを、聞いたことがあるだろうか？

バーニングマンは毎年8月、アメリカのネバダ州で8日間にわたって開催されている、ほかの音楽やアートのフェスティバルとは一線を画した、規格外の奇祭である。

バーニングマンには、いくつか独自の文化があるのだが、代表的なものは「金銭の使用禁止」と「傍観者になるな」のふたつ。

まず「金銭の使用禁止」。バーニングマンでは、食事やシャワーは用意されていない。ほかのフェスのように、お金で快適を買うことはできないのだ。

8日間を生き抜くために必要な物資、たとえばテントや食料、さらには飲み水だけでなく、生活水までもを持参しなくてはならない（トイレはある）。

会場内でお金のやりとりはできないため、ほしいものがある場合は物々交換するか、または相手からのギフトとして手に入れる必要がある。

そして、通常の音楽フェスやアートイベントでは、アーティスト（やる側）⇕オーディエンス（見る側）の関係があるのだが、ここでは誰もがなにかしらの「やる側」でいることが求められる。

これがもうひとつの重要なルール「傍観者になるな」だ。

アートをつくったり、パフォーマンスをしたり、ごはんを振る舞ったり、コスチュームをまとったり、全裸で歩いたり。

内容はなんでもいい。自分のしたいことをすればいいのだ。

このバーニングマンはアメリカが本家本元なのだが、世界各国でも、有志によって同じ文化で行われるリージョナル・バーンが開催されている。ちなみに、日本ではバーニングジャパンという名前だ。

これらリージョナル・バーンのなかで最も規模が大きいのは、毎年4月に南アフリカ共和国のタンクワ・カルー国立公園で開催されている「アフリカバーン」である。

アメリカの本家バーニングマンは、約７００００人もの参加者がいるのに対し、アフリカバーンはまだ１００００人規模。だからこそ、世界中から物好きな濃ゆい人間ばかりが集まっており、アフリカという土地柄もあいまって、さらに奇想天外な空間となっているらしい。

南アフリカでは縁あって、世界各国のフェスティバル会場でデコレーションを手がけるアーティスト集団「アートスケープ」のアトリエ兼住居、通称「ヒッピーマンション」に2ヶ月あまり居候させてもらっていた。

ヒッピーマンションは、プール付き3階建ての大きな家だ。

常に7名以上が住んでおり、それぞれがミシンを踏んでいたり、絵を描いていたり、曲をつくったりしていた。製作が佳境に入ると、アシスタントたちも泊まり込みになり、さながらサイケデリック合宿所である。

そんな彼らに「アフリカバーンって、どう？」と聞いてみたら、その場にいた全員がわらわらと集まって話し出した。

「説明できないけど、とにかくおもしろい」

「アフリカバーンには、絶対に行ったほうがいい」

「あれを体験するとしないとでは、生き方がちがう」

「わたしの人生のベストパーティー＝アフリカバーンよ」

「なぜ行かないのだ」「え？　その時期にアフリカにいない？」

「だったら戻ってきたらいいだけよ。シンプルなことじゃないか」

「装備がない？　そんなもの、わたしたちと一緒に行けばどうにかなるわ」

最後には「行くしかないでしょ！」と押し切られ、あーだこーだ言っているあいだに行くことが決まった。

渡りに舟とはまさにこのこと。旅好きには、おもしろそうな行き先の船を見つけたら乗ってしまうという習性がある。

それから数ヶ月後。中米を旅していたわたしは、再び南アフリカに帰ってきた。

アフリカバーンの開催前日、ヒッピーマンションで待っていてくれた美乳の友人ミィと合流し、レンタカーのドアがかろうじて閉まるくらいに、しこたま水や食料、そして遊び道具をぎゅうぎゅうに詰め込んで、会場へと向かう。

ほかのヒッピーマンションの仲間たちは、すでに会場入りして陣地とアートの製作をはじめている。

高速道路を走り、小さな街で休憩し、再び走り出し、また小さな街で一息つきながら進むあいだに、日が暮れる。粉塵のなかを走り抜け、真っ暗なガタガタ道を進み、ようやく小さなゲートまでたどり着いた。

タンクワ・カルー国立公園だ。

アフリカバーンの会場に着いた！　と興奮したが、だだっ広い国立公園のなかに電気があるわけもなく、暗やみが当然のような顔をして、静かな空間に広がっているだけだった。

なんとかヒッピーマンション住民たちが用意してくれた陣地を発見して、テントを張り、その日は就寝。

翌朝、きょうからアフリカバーンがはじまる。

テントから這い出て外を見ると、地平線が見えるほどに、ずっと先まで荒野が広がっていた。まわりにはポツポツとつくりかけのアートが点在しているだけで、誰もいない。遠くで、風が砂を巻き上げて遊んでいるのが見える。

きょうからはじまるんだよね？　どういうこと？　まだなにもないんだけど？と思いながら、大量のトマトを切り、卵を茹でる。絵がうまいわけでも、手先が器用なわけでもない自分は、この陣地に住む10人分の食事係を買って出ていた。

ヒッピーマンションの彼らは、音に反応して光を変化させる、大きな種のようなアートをつくっているようだ。

日が傾いたころ、友人のサマーから「きょうは会場の端にあるテンプルで結婚式があるから見に行こうよ」と誘われた。

こんなところで結婚式？　テンプル？　よくわからないまま、教えられた場所に向かう。

ただの荒野をひたすら歩く。会場は広いので、自転車で移動をする人が多いのだが、わたしは徒歩。

二等辺三角形を横に倒したような外観のテンプルは、近くに見えるようで、かなり遠くにあった。米粒のような二等辺三角形は、ずんずん歩いてもなかなか大きくなっていかない。まわりになにもないので、距離感がわからないのだ。

歩くこと30分。着いたとき、すでに結婚式は終わってしまっていた。

残された祝福ムード漂うそのテンプルは、できたばかりだとは思えないほどに荘厳な空気に包まれた建物だった。木材で建てられた空間のなかには祭壇があり、お供え物もおいてある。祈る人までいる。

人工物が、すぐに信仰の対象になるとは驚きだ。

このテンプルを建てた友人のひとり、ジョセフによると「アフリカバーンにおける教会とかモスクとかお寺とか、まぁ、そういう感じの場所で、心の拠り所みたいなものだよ」とのこと。

わたしも参加者のひとりなので、アフリカバーンの成功を祈っておいた。

テンプルを出て、まわりの建築途中のアートたちを見学しながら歩いていると、あっというまに日が暮れていく。地平線に夕陽が沈み、また真っ暗な夜がやってきた。

2日目になり、少しずつわかってきたことがある。

この会場は、7日間だけの人工架空都市「タンクワタウン」になる。そのタンクワタウンの中心には「クラン」と呼ばれる、巨大なアートが建っていた。

クランが、この世界の中心。

彼を見ると、自分がいまどこに立っているかがわかるので、広大なタウンのなかでも迷子にならない。夜は盛大にライトアップされるので、昼夜問わず、街の住人の道しるべとなってくれる。

このクランを中心点として、大きく半円状に街ができていく。参加者はテントを張ったり、アートをつくったりして街を形成し、この世界の一部として、暮らしを営む。

トンテンカンテンと作業する音が、荒野のあちこちで飛び交っている。
まだまだ街はスカスカだけれど、ちょっとずつ建物や人が増えているようだ。

3日目。朝起きて外に出て行くと、なにやら様子がおかしい。
景色がきのうまでとちがう。ただの荒野が、ちょっとした街へと、変貌を遂げていた。

自分たちのアートキャンプの右側には、いつのまにか銀色の巨大帆船が停船しており、左側には木製のオシャレなカフェが開店している。
周囲を歩いてみると、メイクルームやサーカス場、ダンスフロアなどもできていた。

新聞社も開設され、タンクワタウンでのニュースを伝えている。郵便局もオープン。タウンのなかだけでなく、外の世界にも手紙を出すことも可能だ。さすがにこれは有料だろうと思っていたのだが、局員さんは「お金はいらないよ」と言って、日本までの送料を調べ、郵便切手を貼ってくれた。

そのほかにも、なぜか金色の便器が突然置いてあったり、おとぎの国から飛び出てきたかのような、おかしの家まで出現したりしている。

これまた夢のような話なのだが、おかしの家のなかでは、キャンディやチョコレート、ラムネなどが取り放題だった。子どももオトナも、キャーキャー大騒ぎで、前歯の抜けた少年は「オレの人生のなかで、いちばんサイコーな場所だぜ！」と、両手いっぱいにおかしを抱えて興奮していた。

ハートのモチーフを多用した、かわいらしい建物もできあがっていたので、なかをのぞいてみる。

すると、20人ほどの男女が陶酔しながら、奇妙な音楽にあわせてぐねぐねとダンスを踊り、絡み合っていた。

なにが起きたのかと思っていたら、扉に貼り出されていたタイムテーブルに「自分を解放するダンスの時間」とある。なるほど。

ちなみにハートの館では、ほかにも「全裸朗読会」というプログラムもあった。全裸の語り部が、自作のポエムを披露してくれるのだという。なんとステキな催し物であろうか。

会場内を走り回るのは、デコレーションされた自転車か、奇妙なカタチをした改造車、アートカーだけである。

大きなスピーカーを積んだ2階建ての爆音バスは、DJとダンサーを乗せて街を点々と移動しながら、周囲の人々を踊らせていく。

おっぱい丸出しの女性たちが、自転車に乗ってパレードをする。

ティーカップのカタチをした、愛らしいタクシーも巡回しており、その車内はマットレスやクッションで、とても居心地よくつくられていた。乗り降りが自由な代わりに、行き先はドライバーの自由。ぼーっとしていると、気づかないうちに遠くに連れ去られることもあった。

着ている服も、みんなユニークだ。妖精もいれば、男爵もいるし、スチームパンクやら女装やら、なんでもありだ。

チンコの先まで真っ青に染めた、全身ブルーの全裸高齢者が、何食わぬ顔で目の前を通りすぎていく。

裸に芸術を爆発させたエキセントリックなボディペイントの女性は、おっぱいをゆさゆさと揺らしながら熱烈なキッスを投げてくる。かくいう自分も、くるよ師匠をイメージして製作したド派手な衣装を着て歩いていたので、街行く人々によく声をかけられた。どやさ。

ハンバーガーを配り歩いている人は、この景色に圧倒されていたわたしにも「おなか空いてるでしょ」とハンバーガーを手渡してくれる。

キャンプサイトを歩いていても「うまいチーズがあるから食っていけ」と呼び止められる。

道ばたに置いてあるダンボールには、大量のオレンジが入っていて「好きなだけ食べてね」と書いてあった。

ぬるい飲み物を持って行ったら、キンキンに冷えたビールと交換してもらえる、ありがたいミュージックバーもある。

突然現れた電話ボックスに入って悩みを打ち明けると、謎の神さまから適当なアドバイスがもらえるブースもあった。

友人のモニカは、自分たちでつくったというワインを大量に持参しており、それを惜しみなく、通りがかる人々に振る舞っていた。

なにを言っているのかわからん、と思われるかもしれないが、わたしもよくわからんので許してほしい。

「お金のやりとりは禁止」なので、これらの行為はすべて無償で行われている。GIVE & GIVE、すべてがギフトなのだ。

金銭のやりとりがないギフト社会は、こんなにも自由な気分になれるのかと衝撃を受け続ける。この種類の自由は初体験だ。脳内が「?」でいっぱいで処理が追いつかず、虹色の玉がぐるぐるまわっている。

4日目からは、さらに街の発展が顕著だった。人も倍くらいに増えている。

5日目となると、数日前まで見えていた地平線が、立ち並ぶ巨大アートによって埋まっていった。

改造車の数も、デコられた自転車の数も増え続け、本当の街のような賑やかさ。

いつのまにか、ここでの暮らしにも慣れ、馴染みの友だちの家に遊びに行ったり、新しい衣装をつくって着替えたり、サーカスを見たり、ライブハウスで熱狂したり、お気に入りのダンスフロアで夜通し踊ったりして、毎日をすごしていた。見返りなく相手に与え、相手も見返りなく自分に与えてくれる。お金に縛られず、おたがいをたのしませることで成り立っている社会。自由と思いやりをカタチにしたら、きっとこんな世界になるのではないかと思うほどに、そこは幸せな空間だった。

しかし、それも長くは続かない。アフリカバーンの開催期間は7日間。バーンという単語がついていることからもわかるように、最後にはすべてを燃やして、終わりを迎える。

5日目の夜あたりから次々とアートが燃やされはじめ、6日目の夜にはアフリカバーンのシンボルであり、いつも街の中央で光り輝いていたクランが盛大に燃やされた。

そもそもが燃やすことを前提とした設計なので、クランはあっというまに火だるまに。たくさんの住民が、クランが燃えるのを見守っている。少しずつ終わりが近づいているのを確認し合うかのように、みんなの顔は、炎と同じ色に染まっていった。

瞬く間にクランは焼かれ、大きな音を立てて崩れ、少しずつ灰となっていく。

大部分が燃え殻となった、そのとき。

クランが消滅するの待ち受けていたかのように、われわれをすさまじく強烈な砂嵐が襲う。

吹き飛ばされた砂が、カラダに絶え間なく打ち付けられる。

強風で目が開けられない。

数々のアート、そしてテントが、その砂嵐に絡め取られ、姿を失っていく。

少し先の景色すら霞んでしまうほどの強烈なストームに、方向感覚が奪われる。

さっきまではクランが、わたしの立っている場所を教えてくれていた。

クランは、もういない。ここがどこだかわからない。

自分の基地の方向も、近くにいるはずのミィの姿も見えない。風の音しか聞こえない。世界の終わりは、きっとこんな感じなんじゃないかと心細くなりながら、視界不良の荒野をひたすらさまよった。

7日目、最終日。

お世話になったアートキャンプの片付けをしているあいだに、日が傾いてきた。最後の夕陽を眺めようと、タンクワタウンの最西端へ向かう。そこにお気に入りのダンスフロアがあったからだ。

人口もアートもガクッと減って、少しさみしくなった街の端っこ。しみじみしながら踊っていると、大きなデコトラックが、フロアに横付けされた。

なんのアートかと近づいていくと、ビニールで覆われたトラックの荷台部分が泡まみれになっている。どうやら泡で洗体ができるらしい。

ここに来てからというもの、一度も体を洗えていない。絶好のチャンス。すぐに着ていた服を脱ぎ捨てて、全裸で泡トラックに乗り込む。

荷台には3人の先客がおり、わたしの登場をおおいに歓迎してくれた。

みんなで泡をぶつけあい、体を洗いあう。

また次に誰かが来ると、全員でその人を歓迎がてら洗っては、ゲラゲラと笑った。

泡でめちゃくちゃになりながら踊る。会ったばかりなのに、むかしからずっとそうやって遊んできた仲間かのように、心のベクトルが合う。全員で泡とグルーヴに埋もれていく。360度、真っ白な泡に覆われると、別の世界にワープしたみたいだ。


おもしろすぎて息切れしてきたので荷台から降りると、散水車が待機していて、泡を流してくれた。カラッカラに乾いた大地とシンクロするように、体はどんどん水を吸い込み、泡はするすると足を伝って流れていく。

みずみずしさにあふれて、最高のきもちよさ。

夕陽に染まっていく空を横目に、清々しい気分で全裸のまま踊った。

足で取るリズムに、わずかに遅れておっぱいが揺れる。全身にリズムが刻まれる。

そんな絶好調なわたしのもとへ、泡トラックの運転手が駆け寄ってきた。

「もうすぐ日が暮れる。最後のサンセットだ、特等席で踊ろう」
なにかと思ったら、なんとトラックの運転席の上、４ｍ近い屋根の上へと誘ってくる。

勧められるがままに、注意深くハシゴをのぼる。
手を引かれて、高い屋根の上に立つ。
両足を踏ん張り、目線をあげた。
西の端。
目の前には、荒野と空と、雲に隠れた夕陽以外、誰も、なにも、いない。
まるで、世界の果てに来たみたいだ。
悲しくなるほどの美しさ。
すっと背筋をのばし、両手を広げる。
一糸まとわぬ体のかたちを、風が確かめていく。
強い風に負けないように目を見開いた、そのとき。

太陽が、雲から抜け、大地とわたしを、いっせいに照らした。

すべてが、紅く染まる。

その瞬間の、あかるさと、熱。

言葉に当てはめることのできない膨大な感覚が、全身を駆け抜ける。

満たされて、どんどん広がっていく心身。

まばゆさで膨張していった自分は、次第に境目をなくしていった。

自然の大きさを感じ、おのれの小ささを知ることは、なんときもちのいいことだろう。

わたしがどんなに死にかけようが、涙で溺れていようが、お構いなしに地球は回っているし、太陽は昇っては沈んでいく。

巨大で巨大なドット絵の、ちっぽけすぎる点のひとつ。

圧倒的な世界のなかで、小さな自分は、どこまでも自由だったのだ。

世界の解像度が、変わった。

翌朝。自分たちのアートキャンプの撤収をしながら、あたりを見渡す。

もうあの賑やかだった街の姿は、どこにもない。文化祭が終わった途端、学校ごと消えてなくなったかのような切なさ。

「痕跡を残さない」というのもバーニングマン、そしてアフリカバーンの重要な文化のひとつ。アートの燃えカスや、キャンプから出た小さなゴミのひとつまでもを、全員で拾う決まりだ。それゆえ、10000人が集まって作り上げた架空の街タンクワタウンは、たった7日間の栄華ののち、まるで何もなかったかのように跡形もなく、ただの荒野に戻っていった。

想像以上にめちゃくちゃで、信じられないくらいにたのしくて、夢のようにおもしろい世界を、みんなで作り上げた。

こんな世界が現実にあったのかと、毎日、毎時、毎秒ごとに感動していた。

しかし、目に見えるものは、すべて無に還ってしまった。

資材とゴミを積んで、出口へ。

元の世界へ戻ろうと車を走らせると、会場の端に、こんな看板が立てられていた。

"MAKE THE WORLD REAL"

あの日々は、夢ではない。

わたしたちが望めば、あの世界をつくることだってできるのだ。

この荒野だけじゃなく、本当の世界であっても、きっと。

建築途中の巨大アート。これも、最後は燃やして終わりを迎える。

郵便局。このタウン内にも、デフォルトワールド（外の世界）にも手紙を出せる。日本の友人宛に出したら、ちゃんと届いてうれしかった。

アフリカバーンのシンボル、クランを燃やす。大きな炎の強烈な熱と光が、あたり一面を包み込む。

旅の存続が危ぶまれるうっかりミスで、犬顔の天使が降臨（メキシコ、メキシコシティ）

アフリカバーンを終えメキシコに戻ったあとも、相変わらずマイペースな旅を続けていた。

山あいの小さな村・レアルデカトルセでは、借りた馬に乗り、シャーマンが古くから儀式に使っていたという幻覚植物ペヨーテを、数時間にわたって探してみたり。アヤワスカで興味が出たので、別の幻覚植物だとどういう感覚になるかを知りたかったのだ。

運よくペヨーテは収穫できたものの、うっかりそれを食べてから宿に戻ってこようとしたものだから、帰宅の道中で幻覚作用が出はじめてしまう。馬がやさしかったので無事に帰ってこられたが、あまりに長時間効果が続いたため、その夜は一睡もできずに朝を迎えた。

わたしは前述の通り、少し、いや、かなりうっかりしているところがある。

イヤホンをすぐに落とすので、この旅だけで4本も購入するハメになったり、ゲストハウスで洗濯物を干したまま次の都市に移動して、着る服がなくなったり、フライトの日付を間違えて空港に行ってしまったり、サマータイムの計算を誤って乗り遅れたり、財布を隠し場所に隠したまま宿をチェックアウトしてしまったり（無事に返ってきた）、パスポートのコピーを取れば、コピー機にパスポートを置いてきてしまったり（これも無事に返ってきた）、クレジットカードをヒッピーマンションに放置してきてしまったりと、かなり深刻なうっかり屋である。

ここまでうっかりしているくせに、大きな事故もなく旅を続けていられたのは、ひとえに運のよさと、まわりの人々のサポートのおかげである。本当にありがたい。


メキシコでも、やらかしてしまった。

プロレス好きなわたしは、メキシコのプロレス「ルチャリブレ」の選手から、試合で使用した覆面を売ってもらえることになり、その購入代金を下ろすべく、興奮状態でATMに向かった。

メキシコシティは治安がよろしくないため、下ろした現金はすぐに隠しポケットに突っ込むことにしていた。この隠しポケットにさえ入れていれば、身ぐるみ剝がされるようなことがない限り、お金を全額盗まれることはないので安心なのだ。

ATMを操作し、吐き出された現金を、目にも留まらぬ早業で即座に収納する。素早く周囲を確認すると、狙われている様子もなかった。そのまま銀行を出て、颯爽と選手の待つ場所へと向かう。

しかし、このとき、もう事故（うっかり）は起きていた。

選手から覆面を受け取った30分後、別の場所でクレジットカードを使おうとしたら、カードが手元にない。どこにもない。ポケットというポケットをひっくり返すも、ないものは、ない。

全身の温度が一瞬にして上がり、そして急降下した。

もしかして、いや、もしかしなくても、ATMにカード置きっぱなしじゃない？

ATMからクレジットカードを抜き取るのを忘れて、そのまま置き去りにして帰ってきてしまったのである。なんという大失態。

ポケットをまさぐりながら、競歩並みの早足で銀行へと戻る。銀行窓口の横に設置されていたATMだったので、銀行員に「カードを置き忘れた」と訴えるも「知らん」の一言で終わり。となりの窓口の係員に聞いても「わからん」と突っぱねられた。調べてすらくれない。ダメだ、こりゃ。

こんなところで押し問答をするよりも、先にクレジットカードを止めなくては。ここはメキシコなのだ。帰り道に、悠長にタコスを食べている場合じゃない。タコスおいしい。

海外旅行の際には、いつも現金を下ろせるカードを2枚持っていくことにしていた。これは自分がうっかり魔だと自覚しているからに他ならない。

しかし、せっかく2枚あったというのに、1枚は南アフリカのヒッピーマンションに置き忘れ、もう1枚はメキシコのATMのなか、もしくは持ち去った人のところに存在している。

この2枚を失って、手元に現金を下ろせるカードはなくなった。

まさかここまでうっかりが重症化していたとは、我ながらびっくりである。

やらかした自分に落胆したり、絶望したりしそうになるが、クレームをつけても対処するのは自分自身。事実を受け止めて、どうにかするしかない。

いつも自分には、自分しかいない。だから、すべての責任は自分でとる。これもひとり旅の醍醐味ともいえよう。


翌日からはアメリカに行く予定になっている。航空券は持っているし、手元には100ドル紙幣が3枚あるので、いきなり路頭に迷うことはないだろう。

しかし、残されたあと1ヶ月の旅程を300ドルだけですごすのは、無理難題もいいところである。

1日10ドルで暮らさなくては破産だなぁと、小学生でもわかりそうな算数をしながら、アレコレと策を考える。日本から送金してもらうか、現地の人もしくは旅行者から借りるか、金目のモノを売り払うか。そのくらいしか思いつかない。

きもちに隙があると、落ち込んで思考が停止しそうだったので、気を紛らわすためにブログを書くことにする。わたしは自分の置かれた状況を、他人が読んでもわかるように書く作業が、きもちの整理に役立つことを学んでいた。

ブログを書くとコメントをいただけることもある。これまでにも読者さんからよきアドバイスをもらったり、励まされたりしたこともたくさんあった。

今回の「うっかり現金を下ろせなくなる事件」の記事にも、いくつかリアクションをもらうことができ、落ち込みがちなきもちが和らぐ。

ブログサービスのメッセージボックスに、めずらしくお便りが届いていた。半年ほど前から稀にコメントを残してくれる、ロサンゼルス在住の日本人男性からだった。

「メキシコでの災難篇を読みました。なにかお役に立てることがあったら言ってくださいね。6月はずっとLAにおります云々」と書かれていた。

要はお金を貸してくれようとしているらしい。

さすがに動揺の色を隠せない。これまでにも「家に泊まっていいですよ」とか「ごはんをごちそうしますよ」とかのお誘いはあったが、会ったこともない相手にお金をいきなり貸そうとするとは、一体どういう了見なのか。

信じられないくらいにやさしい人、もしくはとんでもなくわるい人かのどちらかであろう。

メッセージ送信者のプロフィールが見られるようになっていたので、リンクをたどって確認してみると、その御仁もブログをやっていることがわかった。

そこに載っていた顔写真を見てみると……わるい人ではなさそうである。

むしろいい人そうであり、そして犬顔であり、わたしの好きなタイプのように見える。犬種で例えるならばゴールデンレトリバーに似ている。

犬顔男子からのお申し出だと思うと、余計にありがたく思えるのだが、さすがに会ったこともない人にお金を借りるのは気が引ける。

本件は自力でどうにかすることにした。

お便りをくれた犬顔さんには「お金は大丈夫です。ありがとうございます。この旅の最後の街がロサンゼルスなので、ロサンゼルスのおすすめスポットがあれば教えてください」と、無難な返信をしておいた。

お金の件はぜんぜん大丈夫ではないけれど、これまでの人生もどうにかなってきたので、今回もなんとかなるだろう。どうせ死ぬまでは、死なないのだ。

これ以上うっかりしないことを祈るばかり。しっかりしろよ、自分。

とりあえず、さっきのタコス屋さんおいしかったから、もう一度食べに行こうっと。空腹のときに、たいせつな考えごとをしても、ろくなことがないからね。

おなかいっぱいで、あたたかくしていれば、たいていのことは、どうにかなる。

おじさんの馬を借りて、ペヨーテを探しに。モンゴルで習った乗馬が、いろんな国で役立ってありがたい。

なかなか難儀な探索作業。気をつけないとサボテンが刺さって痛い。さすがメキシコ。

ペヨーテ発見。この大きさに育つまでにはかなりの年月がかかるので、ありがたくいただく。単体だと苦いのでオレンジとあわせるのがおすすめ。

股間をツルツルにして全裸で自転車に乗り、街中をパレードしたときの話。（アメリカ、ポートランド）

アメリカ
ポートランド

ポートランドに来たお目当てはふたつ。

ひとつめは「シティ・リペア・プロジェクト」。コミュニティ主導の都市再生運動だ。

この街では、住民による、住民のための、住民の場づくりが行われている。たとえば、食べ物を持ち寄って食事会を開いたり、余った食材を配布できる場所をつくったり、無料でお茶を飲めるスタンドを運営して、住民の交流を促したり。

これらの活動の集大成的なイベントが、年に一度行われるという。それらが一体どのように実践されているかを体験したいと思っていたわたしは、プロジェクトメンバーの家に居候しながら、ボランティアとして参加させてもらうことにした。

毎日ポートランドの各所で行われるトークイベントやライブ、シンポジウムの手伝いをしたり、食事をつくって振る舞ったりと、バタバタしながらも学びの多い日々。

なかでも、ご近所さんがみんなで集まり、交差点の道路に大きな絵を描くプロジェクトは興味深かった。「止まれ」とか「一時停止」とかではなく、美しく華やかな絵が、交差点に咲くのである。

プロジェクトがはじまった当初は、許可も取らずにゲリラ的に活動していたのだが、これをキッカケにご近所同士が会話をしたり、自分たちの街づくりについて考えたりするなどのいい効果が表れてきた。

いまでは政府も認めるようになり、点在する鮮やかな交差点たちはポートランド名物になりつつある。おもしろそうなので、わたしも絵描きに参加させてもらうことにした。

まずは、朝から交差点を通行止めにして、道路に下絵を描いていく。棒と紐をうまくつかって、大きなコンパスのようにして、正確に図案を下描きする。

昼からはペンキとハケを持って、色を塗る作業がはじまった。参加者が続々と集まってきて、多いときには40人ほどのご近所さんが大集合だ。

色を塗る人もいれば、まかない飯を出す人もいるし、おいしいドリンクを振る舞う人も、子どもたちのために大道芸をする人もいる。

あたたかい空気が交差点から湧いてくるのか、その場にいるだけでなんだかほんわかとした気分になれる。

熱心にペタペタとペンキを塗りつづけていると、ジェンダーレスな格好がよく似合うすてきな女性に声をかけられた。

「日本から来たの⁉　そりゃ遠いところから来たわね。このプロジェクト、おもしろいでしょ。これをやるまでは、となりのブロックにどんな人が住んでるのかすら知らなかった。会う機会も、用事もないからね。こうやって近所の人たちと一緒に何かをすれば、自然と会話が増えるじゃない？　驚くことに、こういうプロジェクトをはじめてから犯罪率が低下したんだってさ。だって知らない人が近所をウロついていたらわかるようになったし、顔見知りには犯罪起こそうって気にならないからね」

2つ先のブロックに住んでいるというアラサーのカレンとは、すぐに打ち解けて仲良くなれた。

「こうやって出会ったのもご縁よね。わたしのコミュニティのために働いてくれたのだから、なにかお礼をさせてくれない？」と言うので、お言葉に甘えて「自転車を貸してほしい」と頼むとカレンは快諾。ニパッとした笑顔で応えてくれた。

どうして自転車なのか。ポートランドに来たふたつめの目的は、自転車に乗って「あるイベント」に出るためだったからだ。

ポートランドは、全米で最も自転車通勤者の多い街であり、なんとその割合は約15％。自転車にやさしい街づくりが行われており、サイクリング・ロードもかなり整備されている。

都市部はこぢんまりとしているので、自転車で十分まわることができるし、電車やバスにも、自転車を載せられるスペースが完備されていて、ちょっとの遠出も楽チン。

「ペダルパルーザ」という自転車のためのお祭り期間まであり、その時期には250を超えるチャリンコイベントが目白押しだ。

自転車天国ポートランドの街の標語は「Keep Portland Weird」。直訳すると「ポートランド、ヘンテコであり続けろ」。ポートランドが「変人の街」と言われる所以である。

この標語を体現していると表現するのにふさわしい催し物のひとつが、ペダルパルーザのメインイベントで、わたしがお目当てにしてきた「ネイキッド・バイク・ライド」だ。

「石油依存のエネルギー社会から脱しよう」というのが、このイベントの大義名分。余計なものを身につけない全裸。そしてクリーンエネルギーの自転車。

その名の通り、全裸で自転車に乗って、街をパレードするのだ。

なんとおもしろそうなイベントであろうか。

世界各都市でネイキッド・バイク・ライドは開催されているのだが、なかでもポートランドでの参加者数は、およそ5000人。世界最多と言われている。

なんとしてでも、この行事に参加したい。しかし、それにはまず自転車が必要だ。

中古の自転車屋に行ったり、ネット売買の掲示板を見たりしたが、なかなかいい自転車が見つからない。

そんなときに、自転車を貸してくれるカレンが現れたのだ。後光が差して見える。

しっかりとした、いい自転車を持ってきてくれた彼女に、恐るおそる「これさ、全裸で乗ってもいいかな」と聞いてみた。

「あら、ネイキッド・バイク・ライドに参加するの!? わたしも何度か出たけど、アレはクレイジーで最高なんだよ！　ぜひ、わたしの自転車に乗ってちょうだい。大歓迎よ！」

驚くことに、快諾。笑う彼女の後光は、さらに強く、まぶしくなった。

と思ったら西日だった。とにもかくにも、ありがたいことには変わりない。

ネイキッド・バイク・ライド当日の朝。

股間を念入りに洗って出発。集合場所までは服を着て向かう。

芝生の広場に、全裸のチャリダーたちが集まっていた。

わたしも到着早々に服を脱ぎ、全裸になってみる。

この日のために、気合いを入れて剃毛したので、股間は完璧にツルツル。アメリカではツルツル股間がスタンダードだと思い込んでいたからだ（実際はそうではなかった）。

この旅はじまって以来、初の股間お手入れチャンスが、まさか全裸パレードのためだなんて……本当に人生はわからない。

しばらく全裸で棒立ちしていると、毎年このイベントに参加している自転車マニアの友人アーロンがやってきた。彼は寝そべったまま漕げる、風変わりな自転車に乗っている。

普通の自転車の場合は、サドルに男性器が乗っかるせいもあり、そこまで気にならない。だが、アーロン自慢の自転車は寝ながら漕ぐタイプなので、股間がモロ見えだ。

しかし、わたしは数々の経験から、すでに男性の全裸には動揺しなくなっていた。経験が人を成長させる。……成長なのか、これは。

広場には50名ほどが集まったが、女性は自分を含め4名しかいない。

ネイキッド・バイク・ライドは夜の部が本番で、朝の部は、ほんのウォーミングアップであるらしい。

なんとも形容しがたい気分ではあるが、全員で街へと漕ぎ出す。

住宅街を通って大通りへ。意外にも、通りすぎる車や、通行人たちからは声援が飛んでくる。

たまたま通りがかったチャリダーが「オレも参加するぜ」と、その場で脱いで合流することもあった。さすがポートランド。

橋を渡り、遊園地を横切り、都市部を悠々と走り、およそ1時間半あまりで朝の部は終了。

全裸紳士たちに手厚くもてなされ、全裸淑女とも仲良くしてもらい、大変すてきな時間をすごすことができた。セクハラされることも、不快な目に遭うこともなかったので、女性のみなさまにも、ぜひご参加いただきたいイベントである。

服を着ていったん宿に戻り、体力を回復させてから、いよいよ本番のネイキッド・

バイク・ライド夜の部へ。

しかし、アーロンは浮かない顔だ。「スタート地点周辺には、バズーカ砲みたいな望遠カメラを持った盗撮男がたくさんいるんだ。だから集合場所には行かず、コース上で待機して合流しよう」と忠告してくれたが、スタート地点がどんな雰囲気になっているのか、気になって仕方がない。

全裸でパレードに挑もうとする、イカした人間がわんさか待機しているのだ。

その空気を味わうこともしないなんて、もったいないじゃないか。

原則として、ネイキッド・バイク・ライドでは写真撮影は禁止されている。「撮るときには被写体に許可を取ってから」というルールがあるのだが、盗撮カメラマンは後を絶たないらしい。

アーロンはわたしが盗撮されまくって、気分を害するのを心配してくれたのだが、自分にはとっておきの秘策があった。

メキシコでルチャリブレの選手から譲ってもらった、試合用の覆面である。

これは今回実験してみてはじめてわかったのだが、顔がバレていないと、盗撮されてもそこまで気にならない。

覆面という鎧が、自分を守ってくれる。そして覆面女の全裸は（マニアを除いては）性的対象になりにくいはずだ。

そんなわけで、頭に覆面、足元に靴、そのほかは裸。

乗り物はド派手なデコレーション自転車という、我が人生最高に奇妙な格好をして、スタート地点へと向かう。

集合場所ではすでに数千人もの男女が、裸で自転車にまたがり号砲を待っていた。ブラスバンドの生演奏が、さらに興奮をかき立てる。

紳士淑女の参加者たち（ほぼ全員全裸）は「今夜はたのしもうぜ！」といった気概にあふれている。目が合うと、自然とニッコリ微笑みあうくらいの、あたたかな仲間意識が芽生えていた。

まもなく大歓声とともに、パレードがスタート。特に決まりがあるわけではないので、参加者が順に自転車を漕ぎだしていく。わたしとアーロンも、先頭集団に続いた。

沿道からは大きな声援が飛んでくる。大勢の見物客に交じって、望遠カメラを構える男たちもチラホラ見かけたが、彼らに恥じらうポーズを見せるわけにはいかない。それこそ彼らの思うつぼである。

だからといって、おっぱいをみすみす撮らせるわけにもいかない。わが乳はフリー素材ではないのだ。

そこでわたしは盗撮野郎を見つけると、自転車を手放し運転しながら、乳首の前に手を出し、ガオーと荒ぶる女豹（?）のポーズをして威嚇してやった。これで乳首は撮れないはずだ。効果があったかどうかは謎だが、沿道の観客はよろこんでくれたのでよしとした。

全裸の自転車パレードは、住宅街を走り抜けて、大通りへと続く。変わらず道の左右には地元民たちが並んでおり、楽器を演奏したり、旗を振ったり、ハイタッチしたりと、思い思いの方法で応援をしてくれる。

なかには空気入れを用意してくれている人も、「パンク修理するぜ」との看板を元気に掲げてくれている人もいた。奇人の街ポートランドの、ケツの穴のデカさ、いや、器の大きさたるや。

夕焼けを眺めつつ、自転車を漕ぎつづける。

まわりを見渡してみると、実にさまざまな人々が参加している。わたしやアーロンのように全裸な人もいれば、股間の前部分に靴下をくくりつけている男性もいるし、おっぱいを中心にボディペイントをして、全身アートになっている女性もいた。

どうやって乗ったのかわからないが、サドルが3mほどの高さの自転車に乗った人もいれば、ローラーブレードで華麗に滑走している人もいるし、もはやそういったものに頼らず、自らの脚力のみでランニングしながらパレードに参加している人もいる。股間がブラブラして気にならないのだろうかと、余計な心配をしてしまう。

2時間ほどでパレードは終了。ゴール地点ではアフターパーティが行われていた。

もちろん参加者のほとんどは裸である。

わたしも会場の近くに自転車を止め、覆面を取り、寒さしのぎのストールを首に巻いて、ほぼ全裸状態のまま、ダンスフロアに向かう。

ここから夜遅くまで、変人・奇人たちによる宴は、終わることなく繰り広げられた。

全裸な紳士淑女のみなさまと、踊り続ける奇妙な夜。好き勝手な格好で、自由に遊びまくる彼らを見ていると「誰かと比べて、変であることを恥じる必要なんてないんだ」と思い知らされる。

深夜、寒さに耐え切れず、服を着て、ひとりで会場を後にした。寝静まった街を、ふたつのタイヤで滑走していく。

坂道に差し掛かる。立ち漕ぎで、力強くペダルを踏みながら、わたしは登る。

借り物の物差しで、自分を測るのはもうやめよう。

わたしを活かせるのは、わたししかいないのだから。

交差点に絵を描くプロジェクト。ご近所みんなで、ひとつのものを成し遂げることで、自然とコミュニティが育っていく。

カレンに借りた自転車をデコレーション。派手にすればするほど褒められるので、どんどんド派手になっていった。

ネイキッド・バイク・ライド昼の部で合流したアーロン。集合場所の公園は全裸の人だらけで異様な光景。通りかかった車も声援を送ってくれる。

誰も知らない街で、ひとりですごす誕生日。なんでもない日も、おめでとう。（アメリカ、シアトル）

32歳の誕生日。わたしはシアトルのコインランドリーにいた。ポートランドの次なる目的地、オーカス島行きのフェリーに間に合わなかったので、この港街で1泊を余儀なくされたのだ。

溜まりに溜まった洗濯物が、コインランドリーのなかで、右に、左にと踊っている。きょうは誕生日だから、なにかおいしいものでも食べようかしら。

知り合いのいない街。自分がストレンジャーでいられる街は、気楽なものだなと思いながら、洗い終わって重くなった衣類を、乾燥機へと移す。

ここに来る途中、おいしそうなタイ料理屋があったので、そこで好物のグリーンカレーでも食べようかな。それとも食材を買って宿に帰り、日本食をつくるのもいいな。

ぼうっとしているあいだに、機械が仕事を終える。

ホカホカになった服たちを、袋に入れて背負い、宿への道を歩く。

あぁ、本当にいい天気。こんな日が誕生日で、ひとりぼっちで、よかった。

いろんなことがあった31歳が終わった。仕事を離れ、家を手放し、恋人にフラれ、ひとりでこんなに遠いところまでやってきた。

30歳をすぎれば立派なオトナだと、幼いころは思っていた。けれど、実際は若いころと大差ない。オトナになれば、小さなことで悩まなくてすむだろうし、いろんな問題への解決策も、たくさん持てるようになるだろうと思っていた。

それなのに、相変わらず、目の前の小さなことできもちを振り回されることが多いよなぁと、通りすぎる車を目で追う。

知っていることはたくさんになったけれど、それのどれもが「知っている」だけで「わかる」には至っていなかったことに気づいたのもこの歳だった。

わかってしまったら、もうわかる前には戻れない。だからわかろうとしていなかったのかもしれないと、洗濯物を担ぎ直しながら思う。

旅をしているなかで、恋愛沙汰になりそうなことも度々あったが、それらをすべて避けてここまで来た。いまだに呪いの鉄パンツは脱げずにいる。

前の恋愛で学んだことは「人のきもちは変わっていく」ということだ。またあんなつらい目に遭うくらいだったら、ひとりでいるほうがよっぽどマシだと、そう思いはじめている自分がいた。

旅先で出会う恋愛は、そのどれもが先の約束のできないものに見えてしまう。この澄み渡る空のように、見通しのいいものには思えなかった。

オトナになるにつれて、できるようになることもあるが、できなくなることも増えていく。

子どものころは虫にさわれたけれど、いまは得体の知れない彼らに怯えてしまう。少し前まではバイクであちこちに出かけていたが、ある日事故寸前の出来事にあって以来、乗るのがこわくなり愛車を手放した。

ブラジルでは、単独トレッキング中にうっかり足を滑らせて顔面を強打し、流血。それからは以前のような無邪気さで、自然を駆け回ることも減った。

経験は人を育てるが、その反面、臆病にさせる部分もあるのだなと思いながら、ふらりとタイ料理屋に入って、ビールを頼む。

先のない恋愛に飛び込んでいけなくなったのも、経験からの学習にちがいなかった。

自分の身は自分で守らないといけない。いい歳してからの失恋は、命と人生にかかわるからね。

そう思いながら、32年間無事に生きてこられた幸運に、感謝の祝杯をあげた。

なんでもない誕生日だったけれど、それもまた、自分が選んだ幸せだ。

シアトルからオーカス島に行く船。大きな船だが、乗客はかなり少なめ。

オーカス島でヒッチハイクしたら乗せてくれたおっちゃん。トレーラーハウスで自由気ままな暮らしをするイラストレーター。

オーカス島では、こんな一人用テントで生活。まわりに同化しすぎてしまい、自分の家を見失うこと多々。

あわよくば精神を抱え、ロサンゼルスに泥まみれで降り立つ。（アメリカ、ロサンゼルス）

アメリカ
ロサンゼルス

アメリカに来てから毎日楽しみにしていることがあった。それは、とあるブログ読者さんとのメールのやりとりである。

往復書簡のお相手は、メキシコでクレジットカードを紛失したときに、手を差し伸べてくれた、ロサンゼルス在住の犬顔男性。あの一件以来、なにを約束したわけでもないが、1日に1通ずつメールを送りあうようになっていた。

たまにコメントをくれる読者さんのひとりでしかなかったので、犬顔さんのことはほとんど知らなかったのだが、彼も旅行が趣味のようで、旅のブログを書いていた。

興味津々でブログをスクロールしていくと、延々と「オベリスク」について書かれている。どうやらオベリスクというのは「古代エジプト時代につくられた太陽神を象徴する石柱であり、当時の権力者の権力を誇示するモニュメント」のことを指しているようだ。

このオベリスク、いまは世界各地（主に欧州）に点在しているのだが、犬顔さんはそのオベリスクを巡る旅をしているらしかった。なんというマニアックさ。

オベリスクのことはさておき、彼の文章からは誠実な性格がうかがえた。ただの言葉の羅列であっても、文章には人柄が表れるものだとわたしは思っている。なので、困った旅人を助けようとしてくれたこのオベリスク・ブロガーの犬顔さんは、きっとすてきな人なのだろうと妄想していた。

犬顔さんとの毎日の往復書簡が、いつのまにか日々の楽しみになっている。メールボックスをのぞくときには、少しだけ祈るようなきもちになったし、そこに新着のメールを見つければ、心の温度がほわっとあがるほどに浮かれてしまっていた。

シアトルの北に位置するオーカス島の農場を訪れたあとは、アリゾナ州の荒野にある人工計画都市アーコサンティのワークショップに参加する以外、特にこれといった予定がなく、ほかに行きたい場所もない。

長旅に疲れていたので、移動は最小限にして、同じところでゆっくり滞在しようと考える。

こうなったら、いったんロサンゼルスに行っちゃおうかな……。近郊のいい場所もたくさん教えてもらったし。

そう思って、犬顔さんに相談したところ「空いた日程があるのであればぜひいらしてください。ご案内しますよ」とのお返事がきた。

すでに旅の予算を超過していたわたしを見かねて、空港に迎えに来てくれるうえ、家にも泊めてくださるという。

「ロサンゼルスは車がないと旅行も生活もできない街ですし、気楽な一人暮らしなので、気兼ねなくどうぞ」と書かれたメールを読んで、「あ、独身なんだ」とよろこんだ、浅ましい自分である。「あわよくば精神」がないといったら、ウソになるお年頃。

しかし、一人暮らしだからといって独身とは限らない。単身赴任の可能性もあるし、別居婚の可能性もある。「妻はいないけど彼女がいる」パターンかもしれない。万が一、妻も、彼女も、彼氏もいなかったとしても、犬顔さんとわたしがリアルでお会いして、仲良くなれるかどうかは別の話だ。

というか、わたしは彼と仲良くなりたいのか。それはどういう意味でなのか。そんなことを期待するなんて、どうかしているぞ自分！（両ほほをセルフビンタしながら）。

オーカス島の農園では、汗と泥にまみれながら畑を耕し、パーマカルチャーを学び、テント暮らしをしていた。持参した一人用の安物テントは、雨が降ると浸水しやがるので、天気が悪い日には、濡れた自分に驚いて起きることもあった。

ここには太陽光で温水をつくるタイプのシャワーが設置されていたのだが、あいにく天候がイマイチだったため、冷水しか浴びることができない。

顔を洗うことはできても、全裸での極寒シャワーは修行の域だったため、水浴びは諦めた。風呂に入らなくても、命に支障はない。

命にかかわることはないが、これから初めてお会いする人との関係性には支障が出るおそれ満載である。

せめて服だけは清潔なものを着ていこうと思い、手持ちのなかで一番汚れていない服に着替え、飛行機に乗り込む。

フライトが2時間遅れ、ロサンゼルス空港に降り立ったときには、時刻は23時になろうとしていた。

「大丈夫かな……臭っていないかな」と、爪の隙間に入った泥をこすり、3日間も風呂に入れていない自分を恥じながら、犬顔さんの姿を探そうとする。

が、探す必要はなかった。あの人だろうなという男性が、一瞬にして目に飛び込んできたからである。

茶色のシューズに、カーキのパンツ、白いTシャツに、日焼けした肌、短髪というには少しだけ長めの黒髪。「ロサンゼルスに住んでいる日本人」感あふれる出で立ち。

その人はベンチに座って、スマホを眺めていたのだが、ドキドキして声をかけることができない。

犬顔さんから引力が発せられているような気がしたが、とにかく先に荷物のピックアップをせねば。スマホを見ている彼の前を早足で通りすぎて、荷物台へと向かう。

バックパックが荷物台に吐き出されるのを待っていると、視界の端で犬顔さんが椅子から立ち上がり、こちらにやってくるのが見えた。

ぎゃぁぁぁぁああ！　やっぱりあの人だったぁっぁぁぁぁああ！

「こんにちは」と、彼は日焼けした顔に似合う、太陽のような笑顔だった。歯が白い。まぶしい。

「きっとこの人だってわかってね」そうおだやかに話す彼は、想像していた以上にやさしそうな空気をまとい、そして屈強そうなフィジカルを備えていた。

素人目から見ても、胸板はほどよく厚めであり、Tシャツからのぞく腕は引き締まった筋肉で覆われている。

そんな彼は、どんぶらこと流れてきた巨大なバックパックを代わりに背負って「あははｈ、けっこう重いんだね」と、ニコニコしながら車まで運んでくれた。

空港から犬顔さんの家へと向かう車のなかで、おずおずと「3日間お風呂に入ってない、申し訳ない」と伝えると、犬顔さんは家に着いてから、間髪入れずにお風呂の用意をしてくれた。

なんとやさしい人だろうと思ったが、冷静に考えると「自宅のなかを汚れたカラダと衣服のままウロウロされたら困るから、一刻も早くお風呂に入ってくれ！」という意味だったのかもしれない。

お風呂からあがると、彼は夕飯を食べ損ねたわたしのために軽めのごはんをつくってくれていた。

なに？　もうすぐ天に召されるの？　なんなのこの好待遇。最後の晩餐？

勧められ、ソファに座る。犬顔さんはテーブルを挟んで斜め前、少し離れたカーペットの上に座った。

ソファはふたり座っても余裕のある大きさだが、初対面なのでとなりに座るのは避けたのか、はたまた自分から、なにかが臭っていたのか。念入りに洗ったから大丈夫だと思うのだけれど。

食事とビールをいただきながら、たくさん話をした。

オーカス島からヒッチハイク、フェリー、バス、そして飛行機を乗り継いで15時間ほどの連続移動だったというのに、ちっとも眠くなる気配がない。

会話は途切れることなく続いていき、いつのまにか時計は朝の4時を指している。

明日も仕事だという彼は、奥にある寝室へと入っていった。

居候となったわたしは、リビングのソファで横にならせてもらい、用意されたふわふわの羽毛布団で、カラダを包んだ。

犬顔さんがいい人でよかったなぁという安堵と、やわらかいきもちが、眠りをやさしく誘った。

このきもちに、名前をつける勇気はない。でも恋という名前かもしれない。(アメリカ、ロサンゼルス)

アメリカ
ロサンゼルス

さわやかに晴れ渡った涼しい朝、羽毛布団をもふもふしながら二度寝を試みていると、犬顔さんが寝室から現れた。

「おはよう」

ぐっ……寝起きだというのに、なんというさわやかさ……。ロサンゼルスのさわやかさは、この男から醸成されているのではないかと疑いたくなるレベルである。

「さて、どこにいきましょうか?」と聞かれるが、わたしはハリウッドにも、ビバリーヒルズにも興味がない。それなのにわざわざロサンゼルスに来たのは、観光地ではなく犬顔さんに興味があったからにほかならない。

とはいえ、そんなことを言うのもはばかられるので「海……ベニスビーチとか」と、知っている地名で答えてみる。ロサンゼルスといえば海だろう(安直)。

彼の運転する車に乗ってたどり着いたのは、マリブビーチにある「ムーンシャドウ」。海が見えるビーチバー＆レストランである。

海沿いのおしゃれなレストランなんて、この旅で行く機会は一切なかった。

動揺を隠せない。……なんというデートっぽい空間！

しかしながら、犬顔さんは「たのしんでもらいたいから」というおもてなしの精神で連れてきてくれただけであり、当然のことながらデート的なスイートな空気は微塵も感じられない。

浮かれてはいかん。わが脳細胞総員に告ぐ、これはデートではない。これはデートではないのだ。

シーフロントの席に座っていたのだが、潮風は思いのほか冷たかった。我慢できないほどではないけれど、少し寒いなぁと思っていたら、犬顔さんが「大丈夫？向こうのほうがあたたかいから移動しようか」と気遣ってくれた。

なぜ寒いと思っていたのがわかったのだろうか。筋肉質の彼はまったく寒そうではなかったし、ほかのお客さんも普通にしている。

ふたりで軽めのごはんを食べながらアレコレと話をして、そのあとベニスビーチへと車を走らせてくれた。

彼は十数年前、撮影の仕事でベニスビーチに来たとき、急に頭がクリアになっていく感覚があったらしく、それをキッカケにロサンゼルスに移住したのだという。そのストーリーが往復書簡のなかで綴られていたので、ベニスビーチは一度訪れてみたいと思っていた。

まっすぐに延びるビーチ沿いの道。ビーチに向かってアクセサリーショップやレストランバー、マリファナ売り、露天商などがずらりと並ぶ。

ランニングしている人もいれば、ローラースケートやスケボーで滑走している人もいるし、ぼうっと海を眺めている人もいるし、そのなかにわたしたちもいる。

「あれが有名なマッスルジムだよ」「うわぁ、本当にガチな人しかいない！」などと話しながら、夕暮れのビーチを散歩した。

おなか空いてきちゃったなー……と、こっそり思っていたら、ジャストなタイミングで「そろそろおなか空いたでしょ？」と聞かれる。

なんなの？　この人エスパーなの？

きもちを読まれているんじゃないかと勘ぐりながら連れていってもらったのは、「カグラ」というトンカツ居酒屋だった。

トンカツは大好物なのだが、もう何ヶ月も食べていない。そんな自分にとって、このお店はパラダイスといっても過言ではないレベルの桃源郷であった。ひさしぶりの高クオリティの日本食ジェットストリームアタックに、もう昇天寸前。

ごはんがおいしいこと、そして犬顔さんのやさしさも手伝って、わたしのお酒はどんどん進んでしまう（彼は運転があるので飲んでいない）。

ほろ酔いになってしまったわたくしは……ついつい酔った勢いで……横に座っていた犬顔さんを……さわってしまったのである。

さわったとはいえ、彼の肩を手で少しポンポンとした程度なのであるが、異性との交遊がほとんどない旅をしてきた自分にとっては、一大事なのだ。

男性への耐性がなくなった状態でのおさわり行為は、断食していた僧侶がいきなり大盛りの焼肉丼を食するレベルのインパクト。

わたしは以前から「酔うと気になる異性にボディタッチをする癖」があり、それは自分でもよくわかっていた。つまり、この行為によって、犬顔さんが自分にとって「気になる異性」となっていることを、無自覚のうちに証明してしまったのである。

往復書簡(メール)のやりとりから心惹かれるものがあり、さらに会ってみると妄想以上のすてきな男性が三次元で現れ、さらにその相手が自分にやさしくしてくれるのだ。

このままでは高揚したきもちが大気圏を突破して、恋の銀河へと旅立ってしまいそう。

いや、いかん! わたしはあと10日で、日本に帰る身であるぞ。

ロサンゼルスで大気圏を突破したら、身も心も焼けこげて、日本に着陸するハメになる。

座禅だ。心のなかで座禅を組むのだ。カムバック平常心。

………。………………。

我に返ることに成功し「すみません、ついさわってしまって……」とあやまると、犬顔さんは顔をこちらに向けて「ん？　大丈夫だよ」と、にっこり。

もちろんのことながら、犬顔さんからのおさわりはゼロであるし、それっぽいそぶりも、完全にゼロ。

小さな悩みなんてどうでもよくなるほどに、カラッと明るいロサンゼルスの気候。それを人型に成形したような犬顔さんは、わたしの動揺などまったく意に介していなかった。


翌朝。空にスカイブルーの絵の具を放り投げたかのような、晴天。

酔った勢いとはいえ、思わずおさわり（肩）してしまったな……と、前夜の粗相を反省する。

彼は厚意でもてなしてくれているだけであり、そんなつもりでないことは明白だった。失礼なことしちゃったよな……と、ぐるぐる考えてさらに猛省。昨夜の自分を、石抱きの刑に処したい。

いろんな自分が、いろんな立場から、アレコレと反省内容を発表し続けており、脳内では数年に一度と言われる「ひとり大反省サミット」が開催されていた。肩をポンポンするくらいのスキンシップですんだからよかったものの、これ以上エスカレートしてはいけない。しっかりしなくては。

走り出しそうな恋心に、重めの足かせをつけて、彼の帰宅を待つことしばし。午後3時。ドアの開く音と同時に「ただいま」の声が聞こえる。玄関に目を向けると、犬顔さんが光り輝いて見えた。

かと思ったが、ただ太陽が、彼の真後ろにあるだけだった。あぶない。ロマンスの神さまが、満を持して降臨なさったのかと思ったぞ。

長旅で痛みまくりの髪の毛や、度重なる洗濯でくたくたになった服を身にまとった自分の存在が、少しずつ恥ずかしくなってきた。旅人として機能的で快適な仕様というものは、決して恋愛仕様ではないのだと痛感する。

ディナーはインド料理屋でカレーをおいしくいただき、帰宅してから飲み直すことになった。ソファに腰掛けるわたしのとなりに、犬顔さんは座った。

彼は車の運転があるので、お酒を飲めるのは帰ってから。わたしはレストランですでに飲んでいるので、先に酔っぱらってきてしまう。

この昼にひとりで延々と開催していた大反省サミットもむなしく、わたしはどうしても彼をさわりたくなってしまうのだ。お酒とはおそろしいものだ。アヤワスカなんて目じゃない。こんなおかしな衝動が湧き上がるではないか。いや、お酒だけのせいじゃないのは知ってるんだけどさ。

しばらくの葛藤のあと、結局わたしはきもちを抑えることができず、犬顔さんの手のうえに、自分の手を、そっと重ねてしまったのであった。

大反省サミットで採択された「犬顔さんにむやみに手を出さない議定」なんて、もうこうなってしまった以上は、机上の空論の極みである。

勇気を出してふれてはみたものの、その0．1秒後には、嫌がられていたらどうしようとの不安が、脳内を支配する。

「だったら、おさわりしなきゃいいのに！　はじめがなければおわりもないのに！」

と、自分のなかの良心たちが遺憾の意を表するが、もうさわってしまったのだ。賽は投げられた。

手を離すべきか、離さざるべきか。自分のなかでどう感情を処理したらいいのかわからないまま、ただひたすらに心臓をバクバクさせていた。

そのとき。

ちょっとだけ、犬顔さんが手をそっとにぎりかえしてくれたのである。

あぁぁぁっぁぁぁああ！　もう！　お母さぁぁぁあああん！
※解説しよう。わたしは欲望に負けそうになると、母のことを思い浮かべてなんとか冷静を保とうとするのである。
表面上は、全身全霊をかけて冷静を装っているものの、その皮の内側は、恋愛刺激の絨毯爆撃で、てんやわんやの大混乱だ。

そして夜は次第にふけていき、今夜もふたりはそれぞれ別の場所で眠りについたのであった。

牛歩！　牛歩の極み！

恋愛は、食事と人生をおいしくする最高のスパイス（なのか？）（アメリカ、ロサンゼルス）

犬顔さんの家のソファで寝るのも、かなり慣れてきた。慣れてきたのはいいが、熟睡しすぎてしまうのは問題だ。

ソファはリビングに置かれているので、犬顔さんより先に起床しないと、ヨダレと布団のあとのついた、寝起き顔を見られてしまうという難点があった。

「おはよう、よく眠れた？」

それに比べて彼はどうだ。朝起きたばかりだとは思えない、あのさわやかさ。

希望の朝にふさわしい笑顔で挨拶をしたのち、彼は仕事に向かう前にシャワーを浴びる。ハリウッド映画かよ。

そして、わが寝ぼけ眼を完全に覚まさせる光景は、この後に訪れる。

ロサンゼルスは暑い。シャワーを浴びたあとは、よりいっそう暑いのだろう。彼が上半身裸、つまり半裸でシャワールームから出てきたのである。なんというボディ……。逆三角形の背中。わたしの胸よりもデカい胸筋。『キン肉マン』に出てくるテリーマンそっくりではないか。

見てはいかんと思いながらも、眼球は犬顔さんのほうに向いてしまう。引力だ。ニュートンもビックリするレベルの恋の引力を、彼は発生させているにちがいなかった。

世界のいろんなところで、ことあるごとに全裸になってきたわたしだが、彼の前では全裸になれない。なれるわけがない。

あと8日で帰国するというのに、犬顔さんに惚れてしまった自分はどうしたらいいのか。ロサンゼルスに住んでいる人に惚れるだなんて、自分の「うっかり」ぶりも甚だしいレベルに達している。

旅のラストにこんなステキな人と出会うことになるとは……本当にロマンスの神さまの仕事ぶりは、おそろしくて、すばらしくて、勘弁してほしい。

「今夜は焼き肉と明太子を食べに行きましょう」と連れて行ってくれたのは、博多っ子にはおなじみの福岡の明太子メーカー「やまや」が手がける焼肉屋さん。

犬顔さんに焼いてもらった肉を口に運ぶ。

う……うまい！　うぅぅぅうううまぁぁぁぁあああいぃぃぃぃいいいいい！

おいしい焼き肉といっても「しょせんアメリカでしょ」と、なめきったことを考えていた数秒前の自分を、正座させて説教したいレベルであった。

ここまでおいしいものが食べられるとは、ロサンゼルス恐るべし。

しかし、わたしはなぜここまでごはんがおいしいのか、その理由はほかにあることを知っていた。

目の前に犬顔さんがいるからである。

好きな人と食べるごはんは、通常の8割増くらいにおいしく感じるものだ。

なので、わたしは何かを食べるたびにおいしさに感動するわけだが、そうすると犬顔さんも「よかった」と、うれしそうな顔をするわけで、そうなると余計にごはんがおいしくなる。

このループが繰り返されるたびに、おいしさと幸福は螺旋階段をのぼるがごとく天に近づいていくのであった。

食べすぎと多幸感で、天に召されそうになりながらも、命からがら生還。

奇しくもこの日は金曜日。平日はお酒をひかえめにしているらしい犬顔さんも、帰宅してからは「今夜は飲むぞ」と、上機嫌でワインを抜栓。

わたしは毎日、ほろ酔いになるまで飲ませてもらっていたのだが、なにしろ酔うと「好きな男におさわりする癖」があるので、本気で酔っぱらう前には自主規制をしていた。

ワインを注がれるも「これ以上飲んだら本当に酔っぱらってしまいますよ」と、やんわりセーブする意思を表明して、こころの防波堤を建てはじめる。

「酔ったらまたおさわりしちゃいますから。もし止まらなくなったら責任とってくれるんですか？」と、冗談めいた口調で、本心を変装させて、偵察。

内心（大丈夫か、この発言）とブルブル震えながら、なんと返事がくるのだろうと緊張しながら待っていると……彼はさらっと笑顔で「大歓迎だよ」と言いながら、すぐとなりに座った。

だいかんげい。大歓迎ってことはウェルカムってことで、それはあの、そういうことだって理解しちゃってていいのだろうか。

オトナの男性の考えていることはようわからん……。『夏休み子ども科学電話相談』に電話して、いますぐ各界のプロフェッショナルに意見を求めたい。

そしてお酒はさらに進んで、飲みに飲む。

なにがどうなって、ふたりがあの体勢になったのか、過程はおぼえていない。

いつのまにやら、彼の顔が15㎝の距離にあった。

体内で和太鼓の演奏会が行われているのかと疑いたくなるレベルに、心臓がドンドコと勢いよく跳ね上がる。理由が酒だけのせいではないのは明らかだ。

そのときなにを話していたのかは覚えていない。状況の刺激が強すぎて、脳がバグってしまったのかもしれない。

なにかの拍子にわたしが彼のほうに顔を向けたとき、彼もわたしを見ていた。彼はにっこり微笑んでいる。

会話は続いていたのだが、少しずつふたりの顔の距離が近づいていく。

あと10㎝で、唇の皮膚がくっついてしまう。

わたしはものすごい勢いで、脳内で暴れている自分たちと対話していた。

「これってキスしちゃう流れなんじゃないの？」

「本当に？」「え？」

「しちゃうの？」「しそうじゃない？」

「えー！」「ふおぉぉおぉお」「！！！」

「これはそうなるんじゃないの」「うわぁぁっぁぁあ」

「頭皮！頭皮が臭いんじゃない？」「服は洗ったばかりだから大丈夫だ！」

「自分、口臭やばくない⁉」「息を止めるんだ！」

「それよりキスするのかよ」「したいよ！」

「したいとかそういうんじゃなくて！」「いや、するでしょ、キスするでしょ！」

（以降、延々と続く、カオスな自分との対話）

照れたような、恥ずかしいような、混乱した感情が表情に出てしまう。

そんなわたしを見ても、犬顔さんは変わらずやさしい顔をしていた。

この状況でどうしたらいいのかわからずに、顔面同士が5㎝の距離のまま停止。

口臭を気にして、息を止めていたせいか、酸素が足りなくなった脳が、誤作動を起こしてしまう。

「これって……キスしちゃう流れ?」

うっかり心の声が、口から漏れてしまった。ロマンもへったくれもない失言。

脳内の内閣総辞職、待ったなしの大失言だ。

「なに言ってんだ!」「いまが大事なときだろ!」脳内野党のヤジが聞こえる。

それなのに、犬顔さんは微塵も動じない。強い。

さらに全身からフェロモンとやさしさを放出してきた。強すぎる。

少年漫画だったら、おたがいオーラがギュンギュンに出て拮抗しているシーンとして描きたい。

目と鼻の先、もはや焦点があわないくらいの近距離に顔面があって、そこで静止しているって、どんな状況だよ。

そして、ふたりは……。
いや、もうこれは恥ずかしい。どんな羞恥プレイよりも恥ずかしい。
細かい描写は省くが、このあと結局しちゃって、そして。
いろんな距離が、ゼロになった。

少女漫画だったら、背景にバラを描きたい。
バラと、桜と、世の中の花のすべてを、満開で描きたい。

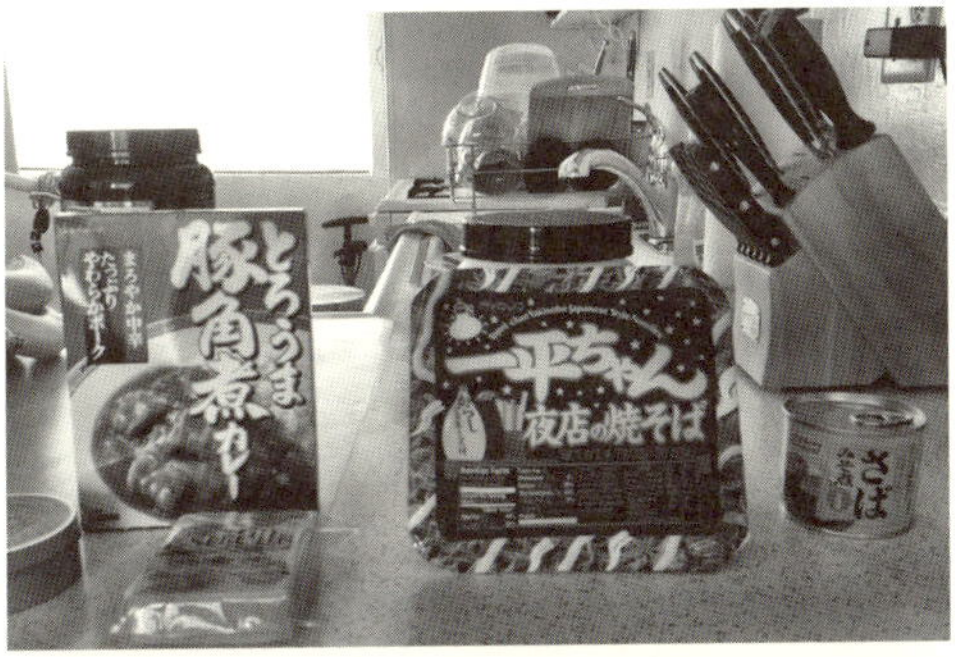

犬顔さんの家にあったこれらに大興奮。日本に帰りたいとは一度も思わなかったが、日本食を食べたいとは毎日思っていた、三度の飯より飯が好き。

ロサンゼルスの空は、おどろきの青さ。さすが世界トップクラスといわれる気候のよさである。

マリファナの甘い匂いがあちこちから漂ってくる、思い出のベニスビーチ。

わたしの最後の恋の話。（アメリカ、フェニックス）

天国から一変。わたしはまたもや瀕死になっていた。

人工計画都市アーコサンティでの7日間のワークショップに参加していたのだが、それが想像以上にハードなものだったからだ。

アーコサンティとは、アリゾナ州の荒野にポツンとつくられた実験都市である。建築家のパオロ・ソレリが、アーキテクチャーとエコロジーを組み合わせた「アーコロジー」をコンセプトに、都市をデザインしたらしい。

アーコサンティが目指すのは、サステイナブルな生活ができる都市。集合住宅や食料を育てるための温室、発電施設、水道施設などを備え、アーコサンティ単体で高密度化された小型都市として機能するように設計されていた。

アーコサンティ・プロジェクトは開始以来40年以上の歳月をかけているにもかか

わらず、計画のわずか数％しか進んでいない。

完成すれば６０００人が生活できる都市になるらしいのだが、現在は約40名のメンバーが地道に作業を続けているのみで、数年前にソレリ氏が亡くなってからは、さらにプロジェクトのスピードはスローになっているようだ。


ここで行われるワークショップの参加者は、わたしをのぞいて全員男性だったので、宿泊部屋は個室が用意されていた。砂漠に位置しているため、外は非常に暑いのだが、さすがというべきか、建物のなかに入ると想像以上に涼しい。

これなら夜も快適に眠れ……るかと思ったのだが、そうではなかった。

夜になると、ヤツらが大挙して部屋に遊びに来るのである。

そう、ヤツらとは日本にも生息している、イニシャルがGの「あの虫」である。

一体どこから入ってくるのか、そもそもこの部屋に住処があるのか、理由はわからない。夜になると、ヤツらは部屋中をわが物顔でウロウロしたり、飛び回ったりするのだ。

虫にはそこまで神経質にならないタイプなのだが、寝ている自分にも平気で乗っかってくる、傍若無人なヤツらにゲンナリしてしまった。

翌日。寝不足ながらも朝食をとってから、フィールドワークへと向かう。

プログラムを終え、夕飯を食べてから部屋に戻ると、すでにヤツらの大運動会ははじまっていた。わたしはなぜここに来てしまったのだろう。

ゴキブリたちと戯れるよりも、犬顔さんに会いたい。

まだ話さなきゃいけないことがたくさんある。まだ何も伝えていない。

そもそもセックスはしたけれど、犬顔さんはわたしのことが好きなのか否か。好きだったとすれば、ふたりは交際している状態になるのか否か。交際しているのだとすれば、このあと遠距離をがんばるのか否か。

そんな詰将棋的な話はいいとして、まずは自分が犬顔さんのことを好きであることを、ちゃんと伝えたかった。

スカイプで会話しようにも、砂漠のなかはネット回線が脆弱で、映像はおろか、声を聞くことすらままならなかった。

離れてみると、いかに彼のことが好きであったのかを思い知らされる。

彼の写真は数枚しか撮っていなかったのだが、それを何度も見てしまう。

メールが来ているのではないかと新着メールを確認してしまう。

夢でいいから出てきてくれないかと願ってしまう。

わたしが彼を思っている数分の一でも、彼はわたしのことを思い出してくれているだろうか。

ケニアのキベラで調合してもらった惚れ薬（小枝）を使うときがきたと思って、保存していたはずのポーチのなかを探す。しかし、その小枝はどこにもなかった。

会いたいなぁと天井を見上げていたら、飛んで壁に激突したゴキブリがボテッと顔面に落ちてきた。

わたしがいまいるべき場所は、ここなのか？

翌日も朝からワークショップをこなしながらも、帰国までに残された限られた時間を、ここですごしていいのか迷っていた。

だいじなことが、ほかにあるのではないか。

わたしが思うに、人生に「絶対なもの」はひとつしかない。

人はいつか死ぬ。いままで不死の人が存在したとは聞いていない。

限られた時間を、顔面にゴキブリアタックを受けながらすごすのが最善なのか。

わたしには会いたい人がいる。伝えたいことがある。

早く帰って、あの人に好きだと伝えないと。

決心すると、いてもたってもいられなかった。昼休みに部屋まで走って戻り、ロサンゼルスへの航空券を買い直し、空港までのシャトルバスを予約する。

スタッフに「申し訳ないが、急用ができてどうしても帰らなくてはいけなくなった。残りのワークショップの代金は寄付するから、送っていただけないか」と頼み、バス停まで車を走らせてもらう。

事情を聞いたスタッフたちは「グッドラック!」と、笑顔で見送ってくれた。

犬顔さんは、ロサンゼルス空港で待ってくれていた。

「おかえり」と笑う彼を見て、全身が色めき立つ。

灼熱のアーコサンティにいたわたしのためにと、冷製豚しゃぶを中心にしたさっぱりメニューの夕飯をつくってくれていた。どれもが手間暇かけてつくられていて、このためにわざわざ材料を買いにいったり、料理をしたりしている彼の姿を思い浮かべると、涙がでそうなくらいにうれしかった。

たいせつな話は、空腹のときにしてはいけない。

おいしいもので、おなかをいっぱいにしてから、彼に向き合った。

手先が冷える。心がざわめく。全身が汗でしめっていく。

みぞおちのあたりが縮んでしまいそうなくらい、変なチカラが入ってしまう。

緊張している自分を奮い立たせて、一世一代の告白をした。

「犬顔さんのことが、好き。なんですけど」

「うん。ありがとう。オレも好きだよ」

うぉぉぉおお！　好きって！　間髪入れずに、さらっと言ったよ、この人は！

わたしの覚悟って一体なんだったの⁉　あー！　お赤飯炊きたい！

脳内はよろこびの鼓笛隊がパレードをはじめるも、言質をとらないと不安になるアラサー・独身・彼氏ナシ。約束がほしくて詰将棋をしてしまう。

これは非常に悪い癖。よいこが真似しないよう、教科書に載せてほしい。

「あの……ということは、ふたりは交際するということに……なります？」

そう問うと、彼はソファの上に正座した。

しまった……「ごめんなさい」パターンに突入か。

「好きだけど、それは友だちとしての好きだから勘違いしないで」なのか。

「そういうつもりではなかった、セックスしちゃってごめんなさい」なのか。

「数日間たのしかったね。日本に帰ってからも元気で暮らしてください」なのか。

「またいつかご縁があって会えたらいいですね。ありがとう」なのか。

無音の時間。圧縮された時間が流れる。

秒針が寝ているのかと思うくらい、次の1秒が遠い。

やはり詰将棋をしてはいけなかったのだ。

約束ほしさに、早まった悪手で、わたしの恋は詰んでしまったのか。

湧き上がる絶望で、頭を抱えそうになるわたしを前に、彼はぺこりと頭を下げた。

「将来を見据えて、真剣にお付き合いしてください」

！！！！！！！！！！

地獄から天国への、高低差の激しすぎる逆フリーフォールゥゥゥウウウ！

驚きと、感激と、多幸感。

宇宙の果てまで飛んでいってしまいそうな勢いで、もう失禁寸前。

最後に残ったシンプルな意識のなかで、かろうじて首を下げられた。

それはもちろん「よろしくお願いします」の意味であった。


そして数日後。

生きづらさを溶かしきり、自分の人生を生きられるようになったわたしが、成田空港に降り立った。

ただいま。

エピローグ

開設当初、ブログ「世界を旅するラブレター」を読んでくれていたのは、数人の友人だけだった。

わたしは物忘れが激しく、当時は好きでお付き合いしていたはずの恋人の名前すら、思い出せない人が何人かいる。

大好きな旅のことであっても、記録をとっていないと、あのとき誰となにをして、どんなことを考えていたのか、記憶に霧がかかって、どうにも思い出せない。

せっかくいい旅をしても、忘れてしまうのはもったいない。

自分と世界との、対話の備忘録としても役立つだろうと、細々とブログ『世界を旅するラブレター』を続けていた。

面倒くさいきもちと戦いながら更新していると、次第に読者さんが集まってくれるようになり、コメントやメッセージで励まされることも多くなった。ひとり旅なのにさみしさを感じることがなかったのは、遠く離れた場所でブログを読んでくれている方々がいたからだ。読者のみなさま、本当にありがとう。

ブログがなければ、犬顔さんに出会うこともなかった。

世界各地を旅しながら綴ったラブレターは、広大なインターネットの海を漂って、読者さんたちに、そして犬顔さんに届いた。めぐりめぐって、この恥ずかしいブログタイトルにしてよかったらしい。

目標を失ったり、失恋をしたり……旅立ち前の世界は、まるで灰色の沼で、どんなにあがいても抜け出せず、心が冷たくなっていく一方で怖かった。

それでも、旅が美しい景色と、色とりどりの人々に引き合わせてくれたおかげで、わたしの世界はまた少しずつ、鮮やかさを取り戻すことができたのだ。

「出国直前に恋人にフラれた、アラサー独身彼氏ナシが、傷心のまま旅に出て、いろんな出会いを通して立ち直り、成長し、旅の最後の街で、恋に落ちて結ばれた話」

こうカンタンにまとめると、われながらなんてよくできた話だろうか。いまどき映画や漫画でも、こんなベタなストーリー展開はなさそうだと思うのだが……現実に起きてくれたのだから、驚きである。

帰国してからは、会う人すべてに「あの犬顔さんとは結局どうなったのか」と必ず聞かれていた。１００％聞かれていた。むしろそれしか聞かれないことも多かった。

彼と出会う前の道のりにも、おもしろいことはたくさんあったのだが……恋バナのインパクトは絶大だったらしく、ほかの旅話をする機会を逸してしまっていた。

なので、このような本を出すことができて、本当によろこびでおっぱいがいっぱいである。恋バナ以外の旅話も、楽しんでもらえたら本望だ。

あわよくば、この本を読んで笑ってくれたり、旅に出たくなったり、なにかしら心を動かしていただけたら、絶頂エクスタシーこの上ない。


最後に。

犬顔さんとは結局どうなったのかって？

結婚して、ふたりで仲良く暮らしています。

おわりに。

実は、この本の大元を書いたのは、いまから少し前。

とある出版社から出してもらう予定だったのが流れてしまい、手元にはむなしく、原稿だけが残った。

悔しいが、お蔵入り。

カレーやワインなら、寝かせておけばおいしくなり、価値はあがる。

だが、原稿は寝かせておいても、永久に日の目を見ることはないし、誰にも読まれなければ、よろこばれもしない。

知られないことは、存在しないのと同じなので、価値もへったくれもないだろう。

「もうこの際、電子書籍で自費出版しよう！」と重い腰をあげて、知り合いのフリーランス編集者／ライターの廣田さんに相談したところ、ベストセラーズの書籍編集・古川さんを紹介してもらえ、なんとありがたいことに……紙の本で出版していただけることになった。

しばらくのあいだ、原稿と一緒に寝ていた自分からすると、展開が早すぎて、地球の自転と公転の速度が10倍になったんじゃないかってくらい。ありがたさに目を回しながら、この「おわりに。」を書かせてもらっている。

旅に出ようと決意した当時や、この原稿を最初に書いていたときは、過労なんてお構いなしに、猛烈に働くのが当たり前だった。

けど、それはこの数年で、ずいぶん変わった。残業するのはダサい、時代遅れだよね、と言わんばかり。早く化石になればいい。

アラサーなのに独身で彼氏がいない＝やばい、女として終わっている。そんな価値観も古くなってきてくれた。これもそろそろ、歴史上の文化になってくれ。

恋愛したい人はすればいいし、結婚したい人は結婚すればいい。

でも、そうじゃない人がいても、他人がとやかく言うべきじゃないよね、尊重しようねって、そんな新しい風ができてきた。

考えてみれば、昭和はお見合い結婚が当たり前。平成は恋愛結婚が当たり前。令和より先は「結婚はしたい人だけする」のが当たり前になるだろうし、もしかしたら、結婚制度自体が時代とともに変化したり、なくなったりする可能性すらある。結婚ひとつとってもこんな感じだし、日本的価値観なんてどんどん変わっていく。未来永劫「当たり前」なこと、永遠に同じものなどないのだ。

学校や仕事を休んだり、辞めたりして、長旅に出ることも、いまは世捨て人だ、人生の落伍者だと揶揄されるけど、そんなの超ナンセンスだし、こういう「当たり前」も、率先して時代錯誤としていきたい。

こういう社会の「当たり前」を変えていくには、長い時間がかかるけれど、自分の「当たり前」は、案外どうにか変えることができる。大きな世界がどんなに圧倒的でも、自分のなかの小さな世界は、自由に変えて大丈夫。

この旅を通して、それがわかって救われた。

あのとき旅に出ず、そのまま働いていたら……きっといまごろ、消耗されて、押し潰されて、わたしは消えていたはずで。

旅があったおかげで、生き延びられた。たくさんの贈り物をもらった。友だちもできたし、犬顔さん（夫）にも出会えた。

過去に恋人と別れて、強烈につらかったこともあったけれど、いまでは「別れてくれて、ありがとう」と心から言える。

この本のことも、一旦はダメになったものの、結果的にすばらしい人たちと一緒に出せることにつながったし、そして、なにより、いま。

こうして、あなたに読んでいただくことができた。ありがとう。

人間万事塞翁が馬。「こりゃもうダメだ」と、そのとき思っても、それが将来なにかの出来事がうまくいくための、きっかけになっていたりもするから。

流転していく世界を、これからもうまく旅していきたい次第。

できれば、あなたもご一緒に。


この本をお手にとってもらうまでに、たくさんの方にご尽力をいただいた。ご縁をくれたライターの廣田さん、わたしを信じてくれた編集者の古川さん、いつも愛あふれる提案をくれるデザイナーのぶんちゃん、どんなときも支えてくれる犬顔さんこと夫、そしてこの文章を読んでくださっているあなたに、心からの感謝を。

読んでくれて、ありがとう。またね。
それでは、きょうも、よき人生の旅路を。

I'm still alive , and i love u.

got love?

旅がなければ死んでいた

旅《たび》がなければ死《し》んでいた

2019年7月10日　初版第1刷発行
2021年2月15日　初版第2刷発行

著者　坂田《さかた》ミギー

発行者　小川真輔

発行所　KKベストセラーズ
〒112-0013 東京都文京区音羽1-15-15 シティ音羽2階
電話 03-6304-1603（営業） 03-6304-1832（編集）
https://www.kk-bestsellers.com/

印刷所　近代美術

製本所　積信堂

DTP　三協美術

装幀　小玉文 + BULLET Inc.

ISBN 978-4-584-13921-9 C0026

FINLAND
RUSSIA
MONGOLIA
TURKEY
TIBET
JAPAN
GREECE
INDIA
NEPAL
KENYA
SOUTH AFRICA